货通天下畅
船行万里安

"一带一路"背景下中国海关国际协同治理研究

朱　晶　唐奕皓◎著

中国海关出版社有限公司

·北京·

图书在版编目（CIP）数据

货通天下畅 船行万里安："一带一路"背景下中
国海关国际协同治理研究／朱晶，唐奕皓著. — 北京：
中国海关出版社有限公司，2024.7

ISBN 978-7-5175-0762-8

Ⅰ.①货… Ⅱ.①朱… ②唐… Ⅲ.①海关管理—国
际合作—研究—中国 Ⅳ.①F752.55

中国国家版本馆 CIP 数据核字（2024）第 053024 号

货通天下畅　船行万里安—— "一带一路"背景下中国海关国际协同治理研究

HUO TONG TIANXIA CHANG CHUAN XING WANLI AN

—— "YIDAI YILU" BEIJING XIA ZHONGGUO HAIGUAN GUOJI XIETONG ZHILI YANJIU

作　　者：朱 晶　唐奕皓
责任编辑：刘白雪　景小卫
责任印制：王怡莎
出版发行：中国海关出版社有限公司
社　　址：北京市朝阳区东四环南路甲 1 号　　　　　邮政编码：100023
网　　址：www.hgcbs.com.cn
编 辑 部：01065194242 –7527（电话）
发 行 部：01065194221/4238/4246/5127（电话）
社办书店：01065195616（电话）
　　　　　https://weidian.com/?userid=319526934（网址）
印　　刷：北京天恒嘉业印刷有限公司　　　　　　　经　　销：新华书店
开　　本：710mm×1000mm 1/16
印　　张：12.75　　　　　　　　　　　　　　　　　字　　数：210 千字
版　　次：2024 年 7 月第 1 版
印　　次：2024 年 7 月第 1 次印刷
书　　号：ISBN 978-7-5175-0762-8
定　　价：68.00 元

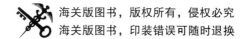

序　言

习近平总书记提出的共建"一带一路"倡议对世界贸易格局产生了深远的影响。特别是近年来中欧班列的开通和运行，把几乎中断的欧亚大陆桥变成了沿线国家和地区间"政策沟通、设施联通、贸易畅通、资金融通、民心相通"的陆上丝绸之路，陆地经济重新焕发了生机，但也面临新的挑战。

在此背景下，非常高兴能为此书作序。目前学术界关于"一带一路"倡议的研究并不少见，但本书能够另辟蹊径，从中国海关国际协同治理的视角剖析中央的这一方针政策。一方面在理论层面梳理了海关职能的变化和协同治理的发展；另一方面总结了"一带一路"倡议提出后的发展状况，并从实践的角度对未来进行了展望，应该说该研究成果具有一定的社会现实价值和理论研究意义。

从某种程度上而言，"一带一路"倡议的现实意义不仅在于帮助中国企业走出去，更推动了"一带一路"共建国家和地区之间的贸易投资、优势互补、深化合作，共同推动了"一带一路"共建国家和地区命运共同体的协同发展。尤其值得一提的是，这一政策的实施改变了近 300 年工业文明形成的以海洋经济为主的世界贸易格局，形成了海洋经济与陆地经济齐头并进，海权贸易与陆权贸易双管齐下、共同发展的新局面。希望本书能够为读者朋友了解分析"一带一路"倡议贡献新的思路，也为未来的中国海关国际协同治理开拓新的路径与愿景。

复旦大学国际关系与公共事务学院　教授、博士生导师

2023 年年底于上海

摘　要

　　经济始终是牵动一个国家发展的命脉所在，把守国门经济和安全的中国海关在世界贸易中扮演了重要角色，伴随世界各国（地区）联系日益密切，各方合作都在紧锣密鼓地开展。顺应时代召唤，共同构建人类命运共同体已经是当下中国面临的重要课题，海关的国际合作进入了我国海关改革的视野。20世纪80年代起，对外贸易的迅速发展让中国拿出了一往无前的奋斗姿态开始对海关工作攻坚克难；21世纪伊始，海关为加强与世界各国（地区）的互通及同频进行了包含归类、估价、原产地等传统业务条线的深化改革；建设中国特色社会主义新海关，努力实现一体化的通关管理模式，不断转变职能模式和组织架构，在此基础上创造一个先进且具有竞争力的监管体制，有助于为贸易安全提供必要的保障，还可以提高海关行政工作效率。由此产生了如知识产权边境保护、数据交换、贸易安全、检验检疫等非传统职能。"一带一路"倡议的提出让世界聚焦中国，经济贸易聚焦海关，构建人类命运共同体的发展理念更是得到世界各国（地区）的关注，各国（地区）海关之间的协同治理成为中国海关国际合作中最关键、最迫切要解决的课题之一。

　　本书从协同治理的发展起源入手，深刻挖掘和讨论以往海关协同治理领域的研究成果，在总结前人研究的基础上，通过海关国际协同制度的变迁这条时间轴来观察，跨越纵向时代条线，包含横向业务条线，分析我国海关在"一带一路"背景下的国际协同现状和面临的最大挑战；再通过定量分析，科学筛选出"一带一路"共建国家和地区中具有代表性的俄罗斯海关，探索构建海关国际协同治理的优化模型。在此模型的基础上，通过一些国际海关的组织如欧盟、东盟等成员间的协同治理的实践来校验模型，同步优化，最后通过模型的各个模块对其相应的海关协同进行试点、检验，得出相应的结论。

本书通过构建属于海关行政管理本身的协同治理分析体系，充分体现了我国海关的制度优势和科学模型，为下一步可复制可推广的协同治理模型打下基础，也为进一步打开中国海关与其他国家（地区）海关之间的合作提供协同思路。

本书包括海关协同治理的绪论、综述、由来与制度变迁、目前面临的挑战和成因分析，之后进行模型构建、模型优化和完善，之后再实践和检验，最后得出结论，共计八个章节。具体包括以下内容：

在"一带一路"的背景下，论述了中国海关国际协同治理的背景、目的、意义以及研究重点。从选题出发，梳理文章重要概念的研究历程，对相关的理论基础进行论述，尤其是把"全球治理、协同治理、包容性、一带一路"作为核心概念进行阐述，通过文献研究，把协同治理、"一带一路"国际协同治理以及"一带一路"海关国际协同的文献都进行了梳理和归纳，再按照"一带一路"背景下国际协同的制度变迁这条时间脉络来进行阐述。引入协同治理的一般模型，以此为基础构建具有推广价值和普适性的海关国际合作协同治理模型；运用量化的手段，从"一带一路"参与方中选择有一定代表性的国家作为优化模型的样本进一步思考和优化。在优化过程中运用代表性国家的样本进行模型同步应用分析。特别将模型中的协同动因、协同引擎、协同行为和协同成果四大模块分别运用相应国际海关之间的协同案例进行试点和检验。结合以上实践及检验得出结论，从而对当下和未来海关国际协同进行展望。

目录
CONTENTS

第一章　绪论 ……………………………………………………………… 1

　　第一节　选题背景和研究意义 ……………………………………… 4

　　第二节　研究问题和研究框架 ……………………………………… 6

　　第三节　研究方法、重点难点与创新之处 ………………………… 7

第二章　文献综述与理论研究基础 …………………………………… 11

　　第一节　关于协同治理的研究综述 ……………………………… 13

　　第二节　关于"一带一路"国际协同治理的研究综述 …………… 16

　　第三节　关于"一带一路"海关国际协同的研究综述 …………… 19

　　第四节　理论研究基础与核心概念 ……………………………… 26

第三章　中国海关国际协同治理的由来及制度变迁 ……………… 41

　　第一节　中国海关国际合作的传统制度 ………………………… 43

　　第二节　中国海关国际合作的过渡阶段 ………………………… 52

　　第三节　中国海关国际协同的产生和发展 ……………………… 54

　　第四节　"一带一路"背景下中国海关国际协同的制度变迁和创新　64

第四章　"一带一路"背景下中国海关国际协同治理现状及
　　　　面临的挑战 ································ 73

　第一节　中国海关与"一带一路"共建国家（地区）
　　　　　海关协同治理现状 ····················· 75

　第二节　中国海关国际协同治理面临的挑战及应对措施 ······· 79

第五章　中国海关协同治理通用模型的构建 ············· 85

　第一节　协同治理的一般模型综述 ················· 87

　第二节　协同治理的海关通用模型构建 ··············· 92

　第三节　协同治理模型的样本筛选 ················ 101

第六章　"一带一路"背景下中国海关国际协同治理的
　　　　模型优化和完善 ······················ 109

　第一节　中俄海关国际协同治理模型优化 ············· 111

　第二节　多边组织合作国际协同治理的完善 ············ 139

第七章　"一带一路"背景下中国海关国际协同治理的
　　　　模型实践和检验 ······················ 147

　第一节　新冠疫情下的国际协同治理实践 ············· 149

　第二节　国际协同治理模型的实践和检验 ············· 153

第八章　结论和展望 ························· 167

　第一节　结　论 ·························· 169

　第二节　展　望 ·························· 170

后　记 ······························ 185

参考文献 ····························· 187

- 图目录 -

图 1-1　本研究主要思路框架 7

图 2-1　现行海关通关流程中的审单环节和区域通关一体化的审单流程比较.................34

图 2-2　区域通关一体化查验分流流程 35

图 2-3　"两步申报"模式基本流程 37

图 2-4　关检合并后的相关调整 38

图 3-1　世界经济体系结构示意图 58

图 3-2　世界海关组织的发展 61

图 3-3　AEO 制度模式 67

图 5-1　SFIC 模型 88

图 5-2　外部环境要素划分 94

图 5-3　政策规章制度的要素归属划分 95

图 5-4　协同动因的要素划分 96

图 5-5　协同引擎的要素划分 98

图 5-6　协同成果的要素划分 100

图 5-7　中国海关协同治理通用模型 102

图 5-8　中国与六大经济走廊中其他国家（地区）出口贸易的相似性指数趋势..........105

图 5-9　中国与六大经济走廊的沿线国家（地区）贸易结合度指数（专指中国出口）.....106

图 5-10　中国与六大经济走廊的沿线国家（地区）贸易结合度指数（专指中国进口）......107

图 6-1　俄罗斯海关组织构架图 112

图 6-2　海关国际协同治理综合模型要素关系简图 116

图 6-3　海关国际协同治理的优化模型图 117

图 6-4　外部环境模块与其他协同要素间关系示意图 118

图 6-5　《TIR 公约》在中国实施进程一览 122

图 6-6　领导力要素的归类 125

图 6-7　三元推动引擎 126

图 6-8　有效参与的内部有效关系示意图 128

图 6-9　中俄海关协同机制设计与劣势体制条件的对应关系 131

图 6-10　协同成果与其他协同要素之间关系示意图 136

图 7-1　上海海关学院概览 152

图 7-2　协同动因检验要素图 153

图 7-3　协同引擎检验要素图 157

图 7-4　协同成果检验要素图 163

- 表目录 -

表 5-1 "一带一路"六大经济走廊涉及国家和地区 103

表 5-2 中国与六大经济走廊中其他国家(地区)出口贸易的相似性指数 104

表 6-1 中国在俄罗斯对外贸易伙伴中的地位 116

表 6-2 "一带一路"共建"顺畅型"国家"五通"指数表 119

表 6-3 中俄海关签署协议汇总表 120

绪论

2013年9月和10月，习近平总书记先后提出了共建"丝绸之路经济带"和"21世纪海上丝绸之路"的重大倡议；同年12月，"一带一路"被正式定义为一个专有名词；2014年，我国正式制定了关于建设"一带一路"的战略规划；2015年3月，《推动共建丝绸之路经济带和21世纪海上丝绸之路的愿景与行动》（简称《愿景与行动》）在北京发布，自此以后"丝绸之路经济带"和"21世纪海上丝绸之路"正式落地。2016年年底，在联合国大会上，"一带一路"倡议第一次被纳入决议之中；我国在2017年5月举办了第一届"一带一路"国际合作高峰论坛。根据相关统计数据，截至2018年3月，在世界范围内，成功加入"一带一路"倡议的国家（地区）有71个。截至2019年年底，已经有100多个国家（地区）加入了"一带一路"倡议，还有超过70个国家（地区）和亚洲基础设施投资银行（简称亚投行）达成了合作协议；截至2023年6月底，中国已与152个国家（地区）、32个国际组织签署200余份共建"一带一路"合作文件。

海关作为保障国家贸易安全和便利的重要政府部门之一，不仅肩负着进出口的监管任务，同时也肩负着对外开放和合作的重大责任，所以进一步加强国际合作与交流势在必行。一直以来，科学、高效、便捷的海关国际合作模式都是中国追求和力图实现的目标，各国（地区）海关可以在此模式下通过国际协同治理机制充分共享资源、互联互通和便利通关。当然，这种绝对理想化的模型是否可以解决许多单一国家（地区）的困难问题仍需进行深入的研究，因此海关的国际协同治理机制还需不断探索。

随着"一带一路"倡议的提出，海关国际合作仿佛是黑夜中航行的渔船找到了灯塔。本书拟借助这一重大历史契机，通过协同治理优化模型的构建，通过定量分析、比较研究、案例分析等方式为海关的国际合作提供更多的思路和建议。本研究主要构建和优化了海关国际协同治理模型，有效促进海关的国际合作，随之将可复制可推广的协同治理模型延伸至一些直属海关试行，并加以检验，从而为下一步我国海关的国际协同治理新理念、新发展打下基础。

第一节　选题背景和研究意义

一、选题背景

2013年"一带一路"倡议提出后，许多共建国家和地区对此表示支持，由此可以看出，这一倡议具有重大的影响，不仅扩大了我国对外开放力度，从某种程度上看，也为沿海以及内陆地区的经济发展带来了新的机遇。

要实现倡议目标，各国（地区）海关之间的高度协同和合作是基础，更是保障。中国海关是主要实现和实施部门之一，"一带一路"倡议将给中国海关的国际合作带来更多的机遇和挑战。"一带一路"倡议应如何采用合作的方式发挥其应有的功能，并且完成相应的建设目标，是中国海关与共建国家（地区）海关的国际合作中需要考虑的重要问题。

除此之外，海关也是国家的进出关境监督管理机关，除了承担监管、税收、缉私和统计等传统职能之外，还要肩负维稳经贸、反映外贸态势、协助实施宏观调控等职责，每一项职责都与国家的经济发展紧密相连。"一带一路"倡议提出后，海关合作的许多职能不再只是传统层面的，也拓展了数据交换保护、贸易安全保护和知识产权保护等新的职能，我国海关在开展国际协同合作的同时，既要监管好我国的2万多千米的陆地边境线，又要继续深化改革开放，稳外贸、保增长。

二、研究意义

2023年是"一带一路"倡议提出十周年。这十年的发展充分证明了"一带一路"倡议是符合时代发展潮流的，并且取得了显著的成效。第一，具有历史的继承性。因为古丝绸之路曾是中国联系西方的"国道"，"一带一路"倡议有助于唤起文明记忆与民族复兴的伟大梦想。第二，具有现实的合理性。"一带一路"倡议的动力来自世界逐渐提高的对国际公共产品的需求与落后供给能力之间的矛盾冲突。第三，具有未来的合情性。当前在经济全球化背景下，"一带一路"倡议有力地推动了世界经济的快速发展，在"一带一路"倡议中，我国不仅是倡议者，而且也会积极把自己的先进技术、巨大的产能以及丰富的资金转化为协同合作优势，并将真正实现共同构建人类命运共同体的目标。

由此可见，"一带一路"倡议既是时代要求也是全球发展的需要，还有着悠久的历史渊源，更是回应了基于共建国家（地区）共同发展的时代使命，从而促进国家的繁荣昌盛，在国际社会上具有更大的影响力。此研究不仅聚焦于公共管理领域的理论拓展，还对我国海关国际合作具有重要的现实意义。

（一）理论意义

对比"一带一路"倡议提出的前后，以海关合作制度的变迁为视角，分析中国海关国际协同中制度的改革和变化；通过构建协同治理的优化模型，推进制度建设的发展和完善，从而推动我国海关国际合作的制度体系进一步完善，也进一步推动我国海关合作治理领域研究的新发展。

（二）现实意义

通过对国际协同展开一系列的研究，会产生实际、高效的现实意义，体现在：首次采用比较分析法筛选出适合海关的协同治理模型方式，从而对海关的国际合作情况进行分析；以俄罗斯为样本研究对象，通过"五通"指数等工具对其构建的协同治理模型进行分析，结合我国海关双边和多边国际合作进一步完善，再利用新冠疫情时期的实践以及相关海关的试点和检验，证明其模型的有效价值，从而进一步提升海关国际合作的治理能力。

从"一带一路"倡议的提出到当下的全面建设可以看出，共建"一带一路"将是未来的重大策略和发展路径。对海关国际合作的协同治理研究，也将对我国外贸发展产生重要的影响。

第二节　研究问题和研究框架

一、研究问题

在进一步推进"一带一路"倡议的背景下，研究我国海关国际合作的制度脉络和演变，从而研究如何进一步实现中国海关与国际海关之间的协同合作，在此基础上寻求一种更契合当下形势的可复制且可广泛应用的国际海关协同治理模型。

二、研究框架

在本次研究中，综合使用了多种不同的研究方法，将理论研究和实践有机地结合在一起，基于协同机制理论框架，以协同治理优化模型为抓手，以"一带一路"倡议中的典型国家以及国际组织等为样本，梳理出海关国际治理模型，对当下局势分析、合作现状、存在风险、面临机遇进行阐述，在此基础上构建和优化中国海关国际协同治理模型。

第一章简要说明了选题的背景、意义、问题以及研究框架；第二章是关于"一带一路"合作的文献综述；第三章重点阐述了中国海关参与国际协同治理的由来和制度变迁，体现在两个方面，一是传统业务，二是非传统业务；第四章重点阐述了在"一带一路"背景下，我国海关国际协同治理的现状、面临的挑战及其成因梳理和分析；第五章是在剖析协同治理的基本模型基础上，构建和筛选中国海关协同治理的通用模型；第六章主要是对"一带一路"背景下中国海关国际协同治理模型进行优化和完善的建议；第七章主要是在新冠疫情背景下的模型实践和检验；第八章主要是对本研究的结论和展望。本次研究的主要思路框架如图1-1所示。

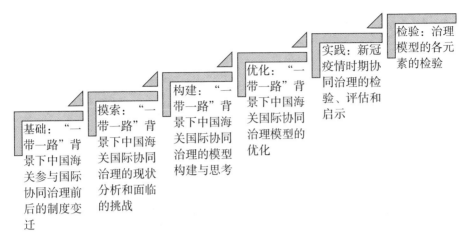

图 1-1 本研究主要思路框架

第三节 研究方法、重点难点与创新之处

一、研究方法

（一）定量分析法

本研究拟通过定量分析法，对"一带一路"国际合作的内涵和外延进行论证，对国际协同国家（地区）的样本选择进行定量分析，通过应用数学的方式，收集和分析"一带一路"国际合作的执行效果与相关指标，从而选出海关协同治理模型的典型国家（地区）和样本，旨在进一步优化海关国际协同治理模型，提出更加科学的决策。

（二）案例分析法

本书将从现阶段海关国际协同治理模式中筛选出一些具有典型性、普遍性的案例，如中俄海关、中新海关、中马海关等，通过对这些国家（地区）的合作模式进行分析，得出可借鉴、通行的做法，进而补充改进到目前的合作模式中去，以期能推及与其他国家（地区）海关的国际协同治理。

（三）比较研究法

本书在研究的过程中，采用了比较分析的方式，重点研究了一些国家和组织间的协同治理效果以及海关合作模式，并在检验中对一些旅检成效进行比较分析，从而促进"一带一路"协同治理研究工作的顺利开展，为其提供更多的参考依据。在社会科学研究领域中，比较研究得到了广泛应用，其所表示的是对两种及以上的制度、理论以及现象进行分析，发现其中所存在的异同之处，总结其所具有的原则与趋势，为各项问题的解决提供重要的参考依据。在本次研究中，主要对双边、多边组织以及一些国际组织等展开了深入的探讨，因此采用比较研究法取得了良好的成果。

二、重点难点

本研究重点分析了海关国际协同治理模型的搭建以及在中国海关语境下的应用效果，选择应用协同治理的方法，将"一带一路"共建国家和地区作为主要研究区域，强调协同治理模型的实用性和科学性；难点是由于国际形势不断变化，"一带一路"共建国家和地区之间政治因素在不断变化，许多政策与建议也会发生相应的变化，分析将有一定程度的滞后性，同时由于篇幅限制导致缺少所有国家（地区）完整模型的分析，只能以点带面选取不同国家和组织对其中涉及的部分要素进行分析。海关国际合作是一个领域，协同治理是一种方法，笔者希望通过研究可以找到更契合海关国际合作的分析应用模型。

三、创新之处

本书在公共管理、新制度主义理论、协同治理、世界体系论等理论的共同作用下，探究了"一带一路"背景下的海关国际合作，这对中国海关努力服务"一带一路"建设，从原来的实现互通互联，到现在将要实现的"三智"

海关，具有非常大的现实意义。从总体上来看，本次研究创新之处主要体现在以下几个方面。

（一）研究视角创新

本研究采用了管理学的协同治理理论，对海关国际合作进行研究，致力于构建与此相关的综合模型，为中国海关国际合作提供思路。

（二）研究样本典型

以俄罗斯为样本，该国在贸易量、协同方式和协同领域等方面都具有较高的研究价值。

（三）研究检验科学

在构建和优化"一带一路"协同治理模型之后，为了更好地检验这个模型，特别是在2020年突发新冠疫情的情况下，在中国海关和沿线的一些国家（地区）海关之间进行检验，范围广泛，协同内容全面，论证更加严谨。

第 二 章

文献综述与理论研究基础

本章通过研究理论基础和核心概念的界定，对协同治理、"一带一路"国际协同治理、"一带一路"海关国际协同进行文献搜索和梳理。

第一节　关于协同治理的研究综述

一、关于协同治理的概念

以"协同治理"为关键词搜索的中国知网文献共有17261篇（截至2023年6月），通过筛选、梳理和归类，具体情况如下：

（一）关于协同治理概念的综述

世界各国（地区）的很多研究者从不同视角对协同治理的概念进行界定。针对协同治理的概念，我国的学者普遍认为它是治理理论和协同理论的集合，还有部分学者直接采纳了国际组织提出的定义。举例说明，丹尼尔·马兹曼尼安等专家学者在研究的过程中，从"相互依赖"的角度进行分析，提出了关于协同治理的新定义，也就是主体通过建立、组织安排、指导、促进以及监督运行等多种方式，促使之前由单一公共部门或组织很难处理的公共政策问题得到解决的全过程。通过分析发现，其特征为具有两个及以上部门，这些部门或者组织有政府公共部门、营利机构以及非政府组织等，这些部门或者组织是自主参与和共同努力，从而实现相应的资源共享。

孙萍、闫亭豫（2013年）认为，在我国，相关研究领域的学者在研究协同治理理论的过程中，主要是围绕实践运用和理论研究而开展的，学者们对该理论有不同的看法和不同的表述，而且这些不同的表述之间往往还有较大的分歧，换言之，现阶段我国学者针对协同治理理论还没有达成统一的认识。而目前的研究热点主要是分析协同治理涉及的不同主体，同时更加关注如何运用协同治理理论来解决公共危机问题和生态环境问题等，但是学者们却普遍忽视了应该运用何种研究方法来研究协同治理理论。我国还有部分学者指出，协同治理理论一直发展到今天，它的核心理念就是多中心或者去中心化。国内外学者针对多中心主体在参与治理方面展开了研究，同时将协同治理理论和"应对过度行政裁量权进行限制"展开了对比研究，并致力于取得更多的突破性成就。

王书平、宋旋（2021年）提出，京津冀地区在治理生态环境问题的过程中，也应该积极采取协同治理的方式，如此一来才能提高治理的效果；他们还研究了如何针对京津冀地区的实际情况设计协同治理机制以达到整体协同治理的效果，具体而言就是通过联合治理机构，加大转移支付政策力度，完善转移支付和公众参与机制等。

笔者认为，从狭义层面上看，相较于合作治理而言，协同治理参与主体收缩为各平行权力部门之间，而非社会、政府、个人、团体组织等宽泛而迥异的组合。因此，本书的研究分析正是在各国（地区）海关职能部门之间进行的，也将以协同治理理论为依据而展开。

（二）关于协同治理的价值取向的相关研究

研究发现，我国的专家学者也在致力于探索协同治理的价值取向问题。李辉、任晓春（2010年）认为，基于社会管理与公共事务治理层面考虑，协同治理是一项新的策略与发展趋势；基于国家与社会关系的层面考虑，则提出协同治理的升级版，应是社会管理的创新之道。刘伟忠（2012年）认为，在协同治理的作用下，政府职能转变将会对建设服务型政府产生一定的推动力。基于民主建设的维度，指出协同治理可以培养公民的民主意识，提升民主参与能力。他还提出，从民主参与能力以及公民民主意识层面来看，协同治理将会产生一定的积极影响。郑巧等（2018年）提出，所谓服务型政府，其实质是新型的政府模式与行政宗旨；协同治理的主要目标是寻求普遍共识，并实现最佳的公共利益，与服务型政府的基本宗旨相契合，从而实现公共利益的最大化。

（三）关于协同治理模型的相关研究

国内外学者对"协同治理运行在何种环境下可以实现最佳效果"予以高度重视，与此同时，许多专家学者也对此展开了深入的探讨与研究。在协同治理研究领域，这也成为研究不可缺少的重要组成部分。其核心之处是通过对其中的"黑箱"进行揭示，分析协同治理的内部组织结构。从组织关系的视角看，唐娜·伍德和芭芭拉·格雷（1991年）为了描述协同行动的实现机制，搭建了"前期—过程—结果"的分析框架。学者彼得·史密斯·林等认为协同行动是循环过程，这个过程是"评估—协商—承诺—执行"。杨志军（2010年）对多中心协同治理模式展开了深入的研究，其研究既有从宏观层面出发的研究，也有从微观层面出发的研究。学者曹堂哲（2015年）在进行研究时，则是基于政策科学的层面，把政策子系统与政策循环作为基础依据，构建了比较完善的跨域治理协同分析模型。学者田培杰（2013年）在宏观层面分析了Bryson模型、SFIC模型、六维协同模型以及公私协力运作模型等。本次研究将在SFIC模型的基础上探索新模型，这也是本研究的创新之处。

（四）关于协同治理应用的相关研究

石晨霞（2016年）在其研究成果之中提出的观点为，随着经济全球化的不断发展，全球治理模式也应实现相应的转型，并朝着多元化的方向发展。经研究后发现，其转型路径主要包含让多元治理主体共同实现目标、调整治理机制以及完善治理体系等。学者田玉麒（2017年）在其研究成果之中指出，协同治理实际上是一种制度安排，也就是在一定的社会环境与制度体系之下，不同的利益相关者基于共识而达成合作，借助集体协商的方式，彼此之间产生相互信赖的互动关系，严格按照共同的规则要求执行，促使所面临的公共问题得到解决，并产生更多的公共价值。从深层方面进行分析，这有利于加深对协同治理的理解。王莹（2017年）在其研究成果之中指出，协同治理模式就是在治理理论的指导之下，促进不同治理主体之间的协作，也就是通过多元的主体建设和互动、网络结构塑造以及协同机制等，找出在当前发展过程中所面临的困境难题，与此同时，致力于找出更多的优化路径，并实现深入的探索，从某种程度上来看，将会对社会的进步与发展产生重要的现实意义。由此可见，"一带一路"倡议既是时代要求也是全球发展的需要，还有着悠久的历史渊源，在国际社会上具有更大的影响力。

二、述评

通过文献的检索和分析各国（地区）专家的研究成果可以得知，协同治理源于"协同学"，慢慢发展到协同治理，其核心概念为"多个主体为了达到多元化的目标共同努力的一种方式"；从行政管理学角度考虑，协同治理概念的出现为管理学的理论创新作出了新的贡献；在应用方面，该概念在国外各个领域都已有较广泛的应用，近些年国内也逐步开始进行应用和研究；在海关系统领域的一些研究中，笔者认为协同治理的应用在逐步扩大；在协同治理的机制方面，综述表明还有更多的内容值得去探索和研究。

第二节　关于"一带一路"国际协同治理的研究综述

"以'一带一路'协同治理"和"协同机制"为关键词在中国知网搜索的文献只有83篇（截至2023年6月），通过梳理、筛选和归类，具体情况如下：

一、关于"一带一路"国际协同治理的概念

张贵洪、邱昌情（2015年）提出的观点为，在"一带一路"共建国家和地区的发展过程中，具有许多的经济合作机制，并呈现为区域与跨区域的特征，如东南亚国家联盟、南亚区域合作联盟、区域全面经济伙伴关系协定（RCEP）、海湾阿拉伯国家合作委员会、跨太平洋伙伴关系协定、东非共同体等组织。

（一）关于"一带一路"国际协同治理的相关研究

刘志中（2017年）提出的观点为，现阶段全球贸易治理机制逐渐趋于完善，这不但对世界经济的持续发展产生了一定的促进作用，也为各个国家之间的贸易合作创造了更多的有利条件，然而，通过分析后可以发现，其本身也有许多不足之处。当前所建立的多边贸易体制缺少一定的公正性，区域贸易协议层出不穷，也对全球贸易治理产生了重大影响，并呈现碎片化的发展趋势，非正式制度安排不具有充足的法律保障，也缺少强大的约束力。由于以上问题的存在，也产生了治理效率过低的问题，"逆全球化"是这一现状的重要表现。"一带一路"倡议提出之后，历经了长时间的发展与探索，迄今为止，已经对全球贸易治理机制的发展与变革起到了引导作用，并且实现了公正与发展导向的优化转型，迎来崭新的发展时代。吴志成、迟永（2017年）提出的观点为，2008年爆发的严重的全球性金融危机，极大地阻碍了经济全球化的发展进程，与此同时，也凸显了全球治理体系所存在的各项问题，经研究后发现，主要体现在以下几个方面，即需增强治理机制绩效、仍需对国际治理价值进行优化、必须强化主权国家的共识理念等。因此，在这一环境下，全球治理变革已经成为社会发展的大趋势。王明国（2017年）在其研究成果之中指出，"一带一路"国际合作高峰论坛坚决贯彻落实发展导向，由政府起主导作用，采取循序渐进的基本原则，这也是中国构建国际治理体系的重要手段。孙宗锋、席嘉诚（2023年）提出的观点认为，数字化协同治理不仅仅是技术的简单应用，还蕴含着技术与组织的互动过程。技术赋能水平由技术调适度与组织适应度共同决定，结合政务服务"跨省通办"，构建了数字化协同治理议题下技术与组织的互构分析框架。基于技术调适度与组织适应度进行类型学分析，提出了"赋能失败""组织牵制""技术局限""互构融合"四种类型，对当前我国"跨省通办"的实践模式加以解读。研究发现，技术赋能实现数字化协同治理看似是复杂的技术问题，实则是以组织适应为核心的协同难题。数字化协同治理的关键在于组织自身结构的调整优化。

（二）关于"一带一路"国际协同的相关研究

王维伟、吕志岭（2019年）在他们的研究成果之中指出，金砖国家积极参与"一带一路"建设，一方面有助于推动全球治理机制的不断创新，促进全球经济的发展，另一方面也有助于保障政治安全与增进人文交流。但是，在合作的过程中还需要解决好合作机制中存在的问题。这就需要在高层之间沟通、经济领域合作、基础设施建设、合作机制建设和民心相通等方面强化和创新既有的合作路径，只有这样才能充分发挥"一带一路"建设的协同效应。杨海燕（2015年）提出的观点为，在当前社会的发展中，由于"一带一路"沿线区域的不断发展，以及区域间公共产品供给的持续推进，集体行动也面临着许多的困难与挑战，但根据博弈论的分析模型可以得出，可以用来解决问题的合作机制比较多。"一带一路"倡议体现了我国坚持对外开放的决心和魄力，同时积极践行这一发展倡议有助于帮助我国抵御经济危机带来的冲击，有助于参与国家实现互利共赢。张婷、王友云（2017年）在其研究成果之中指出，为了更客观、更全面地认识"一带一路"倡议，应该将该倡议置于客观的实践中，深入分析在落实该倡议期间采取的各项行动。积极践行"一带一路"倡议不仅有助于维护我国的国家利益，促进我国经济的不断发展，而且还可以加强国际合作与交流，有助于构建一个和谐而稳定的国际秩序。为了更好地践行和落实"一带一路"发展倡议，我国需要提高对外开放的水平，积极适应经济全球化趋势，培育国际竞争新优势。张耀军（2018年）指出，和平合作是"一带一路"倡议的主旨所在，该倡议的提出不是为了让国家或地区抢夺发展资源，而是为了更好地通过合作来实现互利共赢。所以该倡议认为国家或者地区需要秉承开放合作的包容姿态，而不是采取封闭排他的发展策略。应该认识到，该倡议倡导的是通过合作的方式实现利益最大化。除此之外，他还提出该倡议将有力推动人类命运共同体的构建；该倡议是人类社会追求文明合作的重要载体，而各式各样的文明冲突、文明对抗以及文明歧视等均是不被允许的。

二、述评

2023年是"一带一路"倡议提出十周年，相关研究主题也越来越深入，由最初的"摸着石头过河"，到现在路径越来越清晰；"一带一路"国际协同研究是问题导向的研究，专家学者也是来自不同的学科领域；但是相比于其他学术共同体，缺少统一的架构。在实际中，虽然具有许多的协同研究中心以及联盟组织，然而，通过对研究问题的实际状况进行分析，"虚火"的现象仍是广泛存在的。从总体上来看，国际协同研究并不具有完善的学术共同体架构。期待后续能在"一带一路"国际协同研究的数据、信息和情报方面实现更多的共享。

第三节 关于"一带一路"海关国际协同的研究综述

以"'一带一路'海关国际协同和协同治理"为关键词搜索的中国知网文献有129篇（截至2023年6月），再通过对其他文献进行检索、筛选、梳理和归类，具体情况如下：

一、国外关于海关国际协同的相关研究

国内外与本研究相关的资料文献主要集中在世界海关与关税史以及海关现代化等领域，然而，与海关协同以及海关国际合作相关的研究并不多。通过筛选、梳理和归类，具体情况如下：

20世纪90年代，学者阿里耶夫深入研究了海关职能是怎样随着全球化的演进而改变的，与此同时，也分析了海关国际一体化的实际状况，提出了世界海关组织（WCO）在其中所起到的作用。2005年6月，WCO实施了《全球贸易安全与便利标准框架》，该文件的出台促进了国家之间海关信息的合作。

WCO在2008年提出了《21世纪海关》的政策文件，旨在应对新时代背景环境下海关所面临的各项挑战，从而提高海关的监管力度，促进各国（地区）之间的合作往来。

二、国内关于海关国际协同的相关研究

以"海关国际合作"为关键词可在中国知网检索出1997年至2019年7月这一时间段内的相关著作共计73篇，检索"海关国际协同"这一关键词（均截至2023年6月），只有15篇。

（一）对海关国际协同的必要性研究

有部分学者对中国海关参加国际协同的必要性进行了研究。朱晶、顾丽梅（2018年）在研究成果之中指出，现如今各个国家之间的海关必须达成高效的合作才能更好地适应经济全球化的发展。作者在结合协同理论的基础之上，分析我国海关如何通过通关一体化来实现内部协同，以及如何通过建设国际贸易"单一窗口"来达到外部协同，进一步说明内外协同的重要性和必要性。范筱静（2008年）在进行研究的过程中，则是以国际协同原则作为指导依据，深入探讨了国际海关与中国海关之间的合作现状，与此同时，也与中国海关国际合作的实际情况相结合，阐述了相关的指导意见与研究结论。马永飞（2012年）提出，随着经济全球化的持续推进，中国海关应积极引进国外先进的宗旨理念，深入了解国际合作与协同准则，加强各项合作机制的创新力度，采取一系列的改革措施，致力于在国际合作中获得更多的竞争优势。

（二）对海关国际协同的可行性研究

许多专家学者在对海关国际协同可行性进行探究时，也提及了一些观点。张树杰（2011年）在进行研究时，重点阐述了WCO《21世纪海关》的相关内容，他提出，许多区域性政治经济组织的出现，如APEC、上合组织

以及东盟与中日韩（10+3）合作等，为海关协同的开展创造了更多的有利条件与基础框架，在此过程中，充分体现出海关总署国际合作司（港澳台办公室）等机构的职能价值，并且致力于实现多项职能的协同。马骊（2013年）提出的观点为，应采用全新的协同合作理念，致力于构建多边协同的长效机制，并且在协同的过程中处于灵活状态，在区域协同期间产生更多的话语权。

（三）对海关国际协同制度法规方面的研究

在中国知网检索查阅后发现，在2013年之前，并未出现与海关国际协同制度法规相关的研究著作，仅在一些海关管理文献中对此进行了简单描述。基欧汉等（2002年）经过长时间的研究，正式提出了相互依赖理论，对那一时期的国际政治经济形势进行了详细概括，基于此，也对国际制度展开了深入的探讨，从而判断其是否能够实现国际协同，并得出了相应的研究结论；凌岚（2004年）认为，在联合国的框架内，可以建立专门的国际税收组织，有利于发展中国家维持发达国家的各项指标，通过利益平衡，最后达成共识；朱秋沅（2011年）提出，在国际经济法中，国际海关法是一个全新的业务领域，主要对国际海关法的发展历程进行深入的探讨与分析，归纳整理了与此相关的基本理论，充分预测未来的发展态势，因此也具有一定的研究价值。

（四）关于海关国际协同的模式研究

海关国际协同的内容与海关业务存在密切的联系，其中可包括供应链便利与安全合作、"经认证的经营者"（AEO）互认合作等多个方面，所以，我国许多专家学者均对此展开了深入的研究，并取得了十分显著的研究成果。刘海燕（2009年）阐述的观点为，中国海关在发展的过程中，要协调好和企业的相互关系，为企业通关创造便利的条件。陈苏明（2012年）得出的结论为，在现代化的商业模式中，无论是海关与商界之间，还是海关与海关之间，均应采取密切的协同，方可提高供应链的安全性与便捷性，从而建立科学规范的国际供应链管理环境，并促进国际贸易的有序发展。路大军（2012年）主要对中美海关2011年度共同认证协同合作展开了全面分析，他所提出的观点为，中国海关若想促进自身的发展，应对AA类企业采取一系列的后续治理，积极参考国外的先进经验与工作机制，并对自身的管理流程与宗旨理念进行优化完善，吸引大量的高资信企业参与联合验证。石良平（2011年）在研究中得出的结论为，在供应链治理与整合过程中，海关国际协同应实现价值最大化的目标。吴绍礼、韩建安（2015年）认为中国海关提出了具体的倡导意见。除此之外，中国海关还期望与各个共建国家（地区）海关之间在多个方面开展共同合作，并取得更多的突破性成就，主要体现在以下几个方面：其一，利用规范联结并融入互联互通；其二，利用贸易便利化促进互联互通；其三，利用安全高效对互联互通起到保护作用；其四，利用科技创新对互联互通起到一定的支撑作用；其五，提高能力从而确保互联互通的贯彻执行；其六，用开放合作来促进互联互通。"一带一路"倡议为国际海关协同合作提供了新的发展机遇。夏阳（2015年）认为，在多种互认机制的作用下，中国海关全方位提高企业出口效率，并且破获一系列的重大案件，为企业出口提供了推动力，在深化国际协同的过程中取得了一定的成绩。罗志为（2013年）提出，哈尔滨海关在促进海关国际协同的事项中，构建的协同机制不受国界、关区以及部门的限制，提倡合作共赢的宗旨理念，并为此积累了许多成功案例，对"龙江丝路带"共建国家和地区的海关协同起到了深化作用，与此同时，也为这些共建国家和地区所产生的互联互通创造了更多的有利条件与基础依据。在未来的发展中，"龙江丝路带"的持续推进，也会为中俄海关协同打下坚实的基础，从而提供全新的机遇。王珉（2017年）提出的观点为，在实施"一带一路"倡议期间，若想实现贸易畅通的目标，应构建完善的海关国际合作法律法规，并以此为基础条件，为各项工作的开展提供充足的法律依据。在当前的时代环境下，中国海关应实现国家发展战略的有效对接，对我国自贸试验区采取一系列的试点工作，严格遵循3M[1]海关国际合作理念,逐渐强化与各个共建国家及地区的海关合作与交往,在此过程中,也应对当前的海关运行机制进行优化与完善,从而提高供应链的安全性与有效性。李永全(2017年)在《"一带一路"建设发展报告(2017)》中所阐述的观点为,"一带一路"倡议的实质并非仅是一种新的协同理念,从某种程度上来看,也可以将其作为全新的国际关系与发展理念。其中的核心目标为共建人类命运共同体,这也是目前最新颖的协同合作方式。郜媛莹(2017年)提出,现阶段,随着国际贸易迅速发展,贸易便利化水平逐步提升,协调手续及成效已成为国际社会共同关注的热点以及贸易协议的主要内容。其主要研究的内容及观点为:第一,根据2010—2017年的贸易便利化数据的平均值可以得出,从总体上来看,我国并不具有较高的贸易便利化排名,参与排名的国家共计28个,而我国仅排在了第19位;第二,《贸易便利化协定》和《京都公约》等各国际协定认为,我国实施的海关贸易便利化政策主要有两类,也就是海关监管政策以及海关机构的内部治理政策,二者是相辅相成的,可以对贸易便利化的有序开展产生一定的促进作用;第三,通过对中国海关发布的贸易便利化政策进行分析,再综合国内的发展现状来看,许多通关监管政策还需要不断完善,有必要加大对海关内部管理机制的创新力度,促进改革的发展进程。刘昕(2018年)在《中国海关不断深化国际合作》一文中明确提出,近年来,中国海关在发展的过程中,所设立的主要目标为促进"五通",严格按照"一带一路"倡议的要求执行,提高国际海关大通关协同作用,提升通关效率,并且在多个领域均取得了显著成就,主要体现在农产品绿色通道以及共建国家(地区)海关协同合作机制等多个方面。

(五)中国海关与"一带一路"共建国家和地区的协同研究

本研究主要对海关国际合作的协同治理方式展开深入的探讨与分析,经研究后发现,与海关国际合作相关的文献相对比较少。具有代表性意义的包

---

[1] 即信息互换(Mutual Exchange of Information)、监管互认(Mutual Recognition of Controls)、执法互助(Mutual Assistance of Enforcement)。

括：阮光册（2012年）认为，如果设置的最高目标是维护国家安全，那么海关必须加强双边合作，致力于强化治理能力，最终实现维护本国安全的目标。通常情况下，那些典型的非传统安全问题，往往都是全球性的公共问题，具有国际属性。主要包括环境安全、走私贩毒、恐怖主义以及流行性传染病等，这些安全问题所带来的危害性，早已冲破了主权国家领域的束缚，并且各个安全问题之间存在错综复杂的关系，各国（地区）之间必须采取协同的方式，促使问题得到解决。除此之外，海关的国际协同也会具有特殊性，例如特殊监管区的国际协同，其法律地位隶属于境内关外，如果是在区域内，则并非仅是各个国家（地区）的海关之间或海关和海关国际组织之间的业务合作，其所具有的意义也更加宽泛，所涉及的合作领域也比较多，其中包含了航运组织、海运经纪以及船舶管理等多个方面。Algirdas Šemeta（2014年）提出，欧盟委员会将海关协同治理融入2020年以后的时代蓝图。黄丙志（2015年）通过对海关国际协同进行研究之后，所得出的结论为，中国海关在发展过程中，应积极促进国际AEO互认以及国际海关之间的3M，增强WCO在国际上所具有的影响力，与发达国家建立良好的合作关系，促进各国海关的有效协同。吴绍礼、韩建安（2015年）认为，在提高国际协同治理能力的过程中，中国海关必须遵循的宗旨理念为，利用"规范"实现互联互通的融合贯通；利用"贸易便利"促使互联互通得以提升；利用"安全高效"促使互联互通得到保障；利用"科技创新"对互联互通提供支持；利用"能力建设"实现互联互通的发展；利用"开放合作"对互联互通起到促成作用。王菲易（2015年）提出的观点为，应以现代化治理理念作为切入点，促使应急处理能力与决策能力得到提升；从重构治理角色的层面出发，充分体现海关在口岸管理中所起到的引导作用；以治理主体协作为着手点，促使海关与各个社会主体之间的协商能力得到提升；从治理过程科学化的层面考虑，充分借助先进的风险管理手段与科学技术；从治理绩效的层面来看，选择应用绩效管理工具等多种方法，从多个层面增强海关的治理能力。郭永泉（2016年）在《海关治理的阶段性困境和现代化目标》中明确提出海关治理"两步走"的改革路线与指导方针。第一阶段主要是问题导向下的改革阶段，在海关的主导下，严格遵循国家安排以及海关需求决议创新的节奏与强度并将其作为基本准则；以上海自贸区以及区域通关一体化等改革措施作为重要载体；充分发挥基层试点的作用，在细化过程中实现改革，从多元化的角度使所面临的各类问题得到解决；围绕海关内部创新，明确内部协作的基本内容，对业务环节的治理模式予以更多的重视。第二阶段主要是基于目标导向下的改革阶段，在此过程中，积极参加国家治理，由市场与社会对改革强度与节奏起到决定性作用，并以此作为基本准则；采用顶层设计的方法，深入促进改革项目的贯彻落实，从而促使改革的协同性以及系统性得到充分保障；致力于强化对外合作力度，并对国家治理起到一定的促进作用，最后实现海关的全面统筹治理；在此阶段，也涵盖了促进海关国际协同发展、实施经贸与反走私信息互换等多方面的协同合作，旨在响应新时代的发展趋势。王涛、王佳佳（2016年）在研究成果中指出，在国家治理体系中，海关管理是不可缺少的重要组成部分，其进出境管控能力以及依法行政能力如何，将会对国家治理能力的现代化发展产生直接影响。刘昕（2018年）在《积极服务"一带一路"建设 中国海关不断深化国际合作》中所阐述的观点为，近年来，中国海关将促进"五通"建设作为发展的核心目标，始终遵循"一带一路"倡议的指导方针，提高国际海关大通关的协同效率，以3M作为核心条件，积极响应新技术的发展趋势，严格遵循共建国家和地区的贸易投资需求，实现多个领域的全面发展。与此同时，在国家主场外交领域，中国海关积极参与各项活动，并且取得了显著成果，联合签署了多份海关国际合作文件；而且还积极参与AEO国际规则的制定过程，先后和35个国家（地区）达成了合作协议，实现了AEO互认，组建了"一带一路"海关高层论坛等，提高了我国海关的国际地位。朱晶、顾丽梅（2018年）在研究成果中指出，为了更好地落实"一带一路"倡议，海关应该更好地利用协同治理工具来建设海关监管体系，从而提高海关服务的安全性与便利性。方维慰（2020年）认为要实现"一带一路"协同创新就应该构建完善的机制体系，这些机制包括盟友选择、分工协调、利益分配、资源投入、信息沟通以及资源共享等，通过完善机制可以有效减少跨国交往活动中的摩擦与矛盾。詹臻（2023年）在《"一带一路"背景下中越边境海关跨境协同治理研究——以南宁海关与越南三省海关局合作为例》中提出，在当前新形势下，推进我国与共建"一带一路"国家（地区）和国际组织间的合作，构建多边合作新机制、新模式，无疑将为推动世界秩序重构和经济发展、促进全球共同繁荣提供一条行之有效的"中国方案"。中国海关是国家进出关境监督管理机关，自"一带一路"倡议提出之日起，就是重要的参与者、实践者，而促进共建国家（地区）间的海关合作更是"一带一路"的重要内容。

三、述评

随着"一带一路"倡议的提出，探讨海关国际合作的文献慢慢增多，虽不够全面，质量也参差不齐，但有专门的网站作为补充，比如"一带一路"社科网以及数据库平台等；而与"海关国际协同"相关的文献始终比较少，也不够全面，许多与此相关的研究基本上是对海关国际协同的业务与形式展开探讨与分析，关于协同的系统性以及整体性，特别是协同治理方面的研究更少，中国海关参与国际合作治理相关的研究案例也比较少。

因此，"一带一路"背景下中国海关的国际协同在实践应用与理论探究方面，仍有很大的研究和应用空间。

第四节　理论研究基础与核心概念

一、理论研究基础

从协同学的起源研究开始，重点对合作治理、新制度主义、世界体系论等理论依据做阐述和说明；再对全球治理、包容性、协同治理等核心概念进行界定和阐述。

本书主要研究的是协同治理，若要更加透彻和清晰地研究，不得不追溯其协同的源头——协同学。协同学这个词源于希腊文，意为"协调合作之学"。其最早是从自然科学得来，是在揭示大自然构成的奥秘中得出的结论，当时协同学被认为是一门在普遍规律支配下的有序的、自组织的集体行为科学。协同学现在已广泛应用于物理学、化学、生物学以及社会学、经济学和管理学中。

（一）合作治理理论

合作治理所具有的特征主要体现在以下几个方面：第一，在公共行政方面充分发挥社会力量的作用，改善政府自身所存在的短板问题，从而使行政效率得到有效提升；第二，参与主体符合多元化的发展趋势；第三，虽然参与主体有所不同，但却设立了共同的目标，旨在实现合作利益最大化；第四，在进行合作治理时，各参与主体的身份与地位是平等的；第五，根据公共议题的不同，可以对合作治理的结构进行适当的增加或删减，增加了参与主体的流动性。

敬义嘉（2015年）在进行研究时，主要整理了我国实施改革开放政策之后，在社会实践中所采用的一系列治理模式，结合我国的实践经验，总结出了比较完善的合作治理方法论。

（二）新制度主义理论

新制度主义理论认为，国家具有的自主性并不体现于与社会的隔离，而是需要重点针对国家与市场之间的关系以及国家与社会之间的关系展开研究。新制度主义理论对国家的政治制度、行政组织以及法律体系都进行了研究，并通过正式或者非正式的规则来处理各种问题。其涉及两个不同的制度理论，分别是制度变迁理论与制度创新理论。

1.制度变迁理论

制度变迁理论由学者道格拉斯·诺斯提出，其也是"制度决定论"的开创者。这一理论回答了制度如何影响经济增长的问题。该理论认为制度具有根本性、全局性、稳定性和长期性的特点，如果采用静态分析的方式，则缺乏一定的合理性。正因为如此，诺斯在后期的研究工作中，不仅参考了经济理论的研究内容，还借鉴了哈耶克提出的"认知进化"的思想，在制度变迁中，对人类的意向性即人类的主观能动性予以高度重视，阐述了人类社会制度变迁的基本规律，主要可以总结为"环境—信念/内在动力—制度"。该理论的提出，不仅可以使面临的各项问题得到有效解决，而且也对社会的发展产生了一定的积极影响。此理论也是"一带一路"倡议提出前后中国海关国际协同制度变迁的重要理论依据。

2.制度创新理论

制度创新理论由学者罗纳德·科斯提出。该理论认为，在一定的客观社会条件之下，可以借助创设新的、更能有效激励人们行为的制度来实现社会的持续发展和变革。通过制度创新有助于实现更多的创新活动，还有助于把社会创新成果成功地固化下来，而进行制度创新的根本目的就是实现社会创新。新制度理论认为制度创新包含的内容如下：

制度创新可以体现组织行为的变化，组织和组织所在的环境之间的联系或在一种组织的环境中支配行为与相互关系规则的变化；制度创新的含义是创新者为了得到更多的利益而改革了现行的制度体系；制度创新不仅需要变革根本制度，还需要及时调整运行模式；制度创新不是一蹴而就的，而是一个不断演进和完善的过程，在这个过程中会发生制度转化、制度替代以及交易活动等；制度创新涉及诸多方面的创新，包括组织制度的创新、知识产权制度的创新、约束制度的创新以及管理制度的创新等。

综上所述，制度创新就是在一定的社会规范体系之下，不断做出制度选择、不断进行制度创造、不断新建制度体系以及不断优化制度体系等，在此过程中需要调整制度、完善制度体系、改革制度体系等。制度创新的核心内容是社会政治、经济和管理等制度的革新，是支配人们行为和相互关系的规则的变更，是一个组织和组织所处的环境之间的相互作用和相互改变，在这个相互作用的过程中有助于激发出更大的创造性，有助于提高配置社会资源的效率和水平，有助于促进社会的发展。

（三）世界体系论

世界体系论由伊曼纽尔·沃勒斯坦提出。他认为这一理论的核心在于"中心—半边缘—边缘"。在该理论的指导之下，他对现代的世界体系进行了全面的分析，认为世界体系实质上就是资本主义世界的经济体系。也正因为如此，他通过对现代世界体系进行分析后发现，经济交换的不平等现状广泛存在，许多边缘地区为了促进自身发展，为了向中心地位前进付出了许多辛苦与努力。

笔者认为"一带一路"倡议可以打破这种现象，从而创建共商共赢共建的人类命运共同体新格局。

（四）多边主义

随着国际社会的发展，多边主义的概念超越了单纯多边外交的意义。现在多边主义更多地被看作一种国际体系层次的制度形式，规范规则等制度因素也被视为多边主义的重要成分。自20世纪七八十年代多边主义研究全面兴起以来，国际制度、国际合作、集体身份和认同、全球治理等问题成为涉及多边主义研究的主要问题，新多边主义的出现则对主流研究议程提出挑战。结构性分析、战略性分析、功能性分析和社会性分析成为研究多边主义的主要方法。

二、核心概念

（一）全球治理

治理的含义是个人与私营部门、公共部门以及制度体系等共同参与管理公共事务的方法。治理是一个连续不断发生的过程，在此过程之中，往往需要通过科学的制度安排来化解各个不同主体之间的利益冲突。全球治理的基本特征包括：一是全球治理的实质是以全球治理机制为基础，而不是以正式的政府权威为基础；二是全球治理存在一个由不同层次的行为体和运动构成的复杂结构，强调行为者的多元化和多样性；三是全球治理实现的方式是参与、谈判和协调，重视程序的规范和实质；四是全球治理与全球秩序之间存在紧密的联系，全球秩序包含那些世界政治不同发展阶段中的常规化安排。这些安排中既有程序性安排又有基础性安排。

由于各个国家或地区的政治经济环境都有所不同，而且历史情况也存在诸多差异，因此各个国家或地区选择的治理模式也有所差异，它们在全球治理之中的角色定位也不一样。一般情况下，比较主流的治理模式有：一是以国家为中心的治理模式，也就是不同的主权国家针对一些领域展开协商和谈判，在此基础上展开合作，在这种治理模式下往往可以制定出主权国家都认可的规制与协议；二是采取网络治理模式，即基于目前的跨组织关系网络，就一定的问题，通过协调不同成员方的目标和不同的偏好来制定策略，进而实施合作管理；三是采取有限领域治理模式，这种模式是指在对某一领域进行治理的过程中，国际组织通过一系列制度安排来促进成员方的相互交流和合作。

现阶段，不同国家或地区在利益层面存在诸多冲突，对全球治理造成了不小的阻碍，未来全球治理将面临更多的挑战。这些挑战主要在于：一是参与全球治理之中的三类主体往往都缺乏普遍性权威，所以在进行全球治理的过程中只能通过调节的方式与制定约束制度来规范或影响国际性行为；二是现阶段，美国在国际战略的选择上一直坚持单边主义，美国的做法直接挑战了全球治理模式，给国际秩序带来了不安定因素；三是目前已有的国际治理规制一方面不尽完善，另一方面还没有足够的权威性；四是因为各个国家或地区的综合实力有所差距，而且各个国家或地区的政治模式、经济制度以及价值导向等也不一致，所以它们在全球治理体系中各自的话语权都是不平等的，这就不利于实现共同的全球治理目标；五是不同的主权国家、国际组织各有自己不同的利益和价值，因此在一些关系重大的治理问题上往往很难达成一致的见解；六是全球治理机制目前还有诸多缺陷，具体体现为管理效率低下、未充分发挥民主而导致缺乏合理性与协调性等。

除此之外，全球治理这一概念还出现在几个比较特殊的领域。首先，将全球治理用来分析国际规制模式是如何演化的；其次，将全球治理用来分析世界组织是如何对那些世界问题进行处理的，以及在此过程中全球治理的重要意义；最后，将全球治理用来分析不同政治力量的对比和变化。近年来，全球治理受到了越来越多学者的关注，而且全球治理模式也会受到政治视野因素、参与者力量对比因素、信息经营因素以及社会发展因素的影响。

（二）包容性

包容性指的是"一带一路"倡议所具有的包容性，主要体现在以下几个方面：其一，"一带一路"共建国家或地区之间对接的策略是寻找出更多相同的利益点，并非仅是为了使资本的扩张需求得到满足；其二，"一带一路"倡议可以增进沿线国家或地区之间的交流与学习，向各国（地区）积极宣传中国文化与制度举措，例如消除贫困以及经济发展等方面的举措，从而使自身的发展现状得到改善，实现现代化的发展目标；其三，"一带一路"倡议坚持"开放包容"原则与"平等互利"原则，认为参与该倡议的沿线国家或地区虽然综合实力有所差异，但是在地位上都是平等的；其四，"一带一路"倡议尤为注重"共商、共建、共享"的基本原则，将寻求发展的最大公约数摆在重要位置，充分体现出"共同繁荣、共同发展"的重要性；其五，"一带一路"倡议明确提出了应按照"和而不同"的原则，在促进文化多元性发展的条件下，实现共同繁荣、和平发展的宏伟目标。

在全球化时代，要真正实现全球治理，不仅要去除"中心—半边缘—边缘"的世界体系论，更要坚持"共商、共建、共享"，才能实现更好发展。

（三）协同治理

协同，在《后汉书·桓帝纪》中，曾记载其为"激愤建策、内外协同"

之意。其所体现的均为系统、事物以及要素之间应呈现为集体性以及合作性的发展态势；其核心主旨主要体现为强调和谐与协同，实现矛盾与差异的高效统一，产生良好的协调性，营造出良好的社会环境。赫尔曼·哈肯是最先提出这一概念的，其观点就是要实现有序和无序之间的相互转化，通过内部协同，即使是在属性不同的千差万别的系统中，也可以促进相互协作与相互影响，各个部门之间的关系在整个环境中得以协调，当然也有相互竞争和系统中相互干扰和制约等。协同的英文单词是"synergy"，其含义为"协调合作"。从单词字面上可以看出"syn"的含义是"together"，重视的是合作与协调；而"ergy"则是"working"，重视的是达到协调合作的结果。

协同治理理念不仅来源于协同学，其还应该算是一种典型的公私伙伴关系（Public-Private-Partnerships，PPP）。PPP是新公共管理运动和治理改革的产物。此理念在服务和基础建设领域最先应用，在经历了长时间的发展后，在公共管理领域已经产生了重要影响。这种理念更像是协同治理模式中的私有企业与公共政府的合作设想，虽然是其中一支，但不难理解其中的协同思路。实际上，还有许多专家学者表示，PPP只是偷换了概念，其所提倡的理念与民营化、市场化、服务外包等无实质性的差别，但极易被大众所认可，因此PPP可以作为协同治理的理论引领。

协同治理也是合作治理的一种方式，我国很多专家学者已经对此展开了深入的探讨与研究，并取得了良好的研究成果。通常情况下，所谓合作治理，表示的是在后工业时代以及社会发展逐渐趋于完善的环境下，多元社会主体，其中包含了政府、非政府组织、企业以及非营利组织等，采用平等的姿态进行沟通交流，甚至在关键时刻互相妥协，达成统一共识，采用网络、契约以及公权力行使等多种方法，达到资源共享的目的，促使所面临的各项问题得到实质性解决。在协同治理的基础上产生了协同机制，其是对政府各部门之间、部门和地方之间所具有的关系进行协调，从而所采取的各类组织结构、运行模式以及制度体系的统称，故其不仅仅是一种制度，还包括措施、组织机构等的总和。

（四）"一带一路"

《愿景与行动》是"一带一路"的顶层设计方案，其中包括共建原则、合作重点、框架思路以及合作机制等。

国家相关部门为了落实"一带一路"倡议，颁布了《共建"一带一路"：理念、实践与中国的贡献》《标准联通"一带一路"行动计划（2015—2017）》《标准联通共建"一带一路"行动计划（2018—2020年）》等文件。自此以后"一带一路"倡议进入了主要的建设阶段。

实施"一带一路"倡议具有重要的意义，因此要积极将"一带一路"建设成为当今世界深受欢迎的国际公共平台和国际合作平台。

三、协同治理在海关领域的实践理论基础

由于协同治理是本研究最核心的理论基础，故对此理论在海关系统的应用研究也做一些相关的阐述。现阶段，在中国海关采取的协同治理机制中，具有代表性的主要有两种：一是基于区域通关一体化而展开的海关"内部协同"；二是以国际贸易"单一窗口"作为基础，实现海关与口岸部门"外部协同"，以及原出入境检验检疫系统统一以海关名义开展工作的内外协同。（注：目前全国海关已经实现通关一体化，而区域通关一体化是其中的一个重要阶段。）

（一）区域通关一体化的内部协同

2014年，我国的海关开启了区域通关一体化建设，本次建设工作涉及了我国多个地区，包括交通便利的广东地区、工业基础雄厚的东北地区、经济发达的京津冀地区、"丝绸之路经济带"沿线地区以及长江经济带等地区。

所谓区域通关一体化，从狭义层面来看，其所表示的是海关监管业务呈现为一体化的趋势，也就是说，在尊重企业选择权、市场及物流运营规律的条件下，海关将专业分工、整合优质资源作为重要的指导依据，严格遵循"执法统

一、简单高效、监管严格"的基本要求，在同一关境内，淡化以关区为依托的行政区划划分管理模式。

对区域通关中心而言，区域通关一体化包括互认商品归类、估价原产地预确定、许可证件和暂时进出境等行政许可决定。现行海关通关流程中的审单环节和区域通关一体化的审单流程对比如图2-1所示。

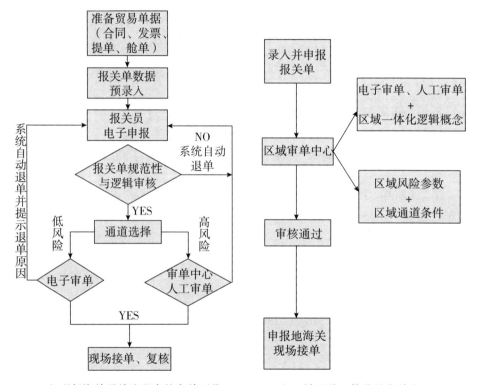

a）现行海关通关流程中的审单环节　　　b）区域通关一体化的审单流程

图2-1　现行海关通关流程中的审单环节和区域通关一体化的审单流程比较

从广义层面来看，区域通关一体化不仅包括了以上几项内容，而且也涵盖了海关赋予货代报关企业以及进出口企业的自主选择权。其查验分流流程如图2-2所示。

对企业而言，以下几种通关方式会对其信誉资质提出相应的要求，主要包括"属地申报、口岸验放"以及"属地申报、属地放行"等。在查验形式

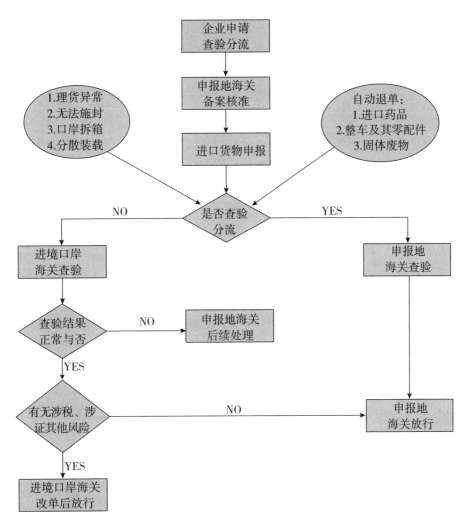

图 2-2　区域通关一体化查验分流流程

方面，所采用的仍为口岸查验，严格监测属地查验的情况。从整体上来看，区域通关一体化改革进程的持续推进深入落实了简政放权的理念，将部分通关公权力授予企业。

（二）全国通关一体化的内部协同

随着全国通关一体化改革进程的持续推进，我国出台的《推进"一带一路"沿线大通关合作行动计划（2018—2020年）》提出，该计划的目标在于打造良好的环境，为"一带一路"倡议奠定良好的基础以及在国内创设优质的开放环境。

2016年3月，为贯彻落实全国通关一体化的改革工作，国家相关部门正式出台了《全国通关一体化改革框架方案》，"两中心、三制度"是它的核心内容所在，其中"两中心"的含义是搭建高效的风险防控中心以及税收征管中心，"三制度"是指"改革税收征管模式""推进协同监管制度""一次申报、分步处置"。

协同监管制度主要分为以下三个环节。

第一，上下层面的协同：统筹管理不同的职能，这些职能包含了风险防控职能和税收征管职能，等等。在协同方面，要将财务职能、技术职能以及后勤保障职能等融为一体，在此情况之下，海关无须继续设立组织部门。

第二，左右层面的协同：属地海关需要重点监督企业的情况，展开及时的稽查活动，进行全面的信用管理等；口岸海关需要重点监督货品的储存、运输现状，监督运输工具的使用，等等。

第三，前后层面的协同：通关监管工作的重点在于现场监管；稽查工作的核心在于后续的监管以及合规管理；缉私倾向于严惩走私犯罪行为。

正是由于以上三个层面的协同，才让全国通关一体化的改革得以很好地实施。

最新协同治理的改革情况为"两步申报"。2019年6月，国务院常务会议指出要持续简化海关流程，不断推进一体化建设，对于进口的货物，要进行完整申报以及概要申报，这就是所谓"两步申报"模式。该模式有助于减少通关时间，不断提升海关系统的协同性，有助于提高海关的治理效率和水平，进而有助于营商环境的不断优化，可以推动贸易的便利化发展，从而落实"放管服"的改革要求，具体流程如图2-3所示。2022年4月，海关在区域通关一体化的基础上全面实施全国通关一体化。

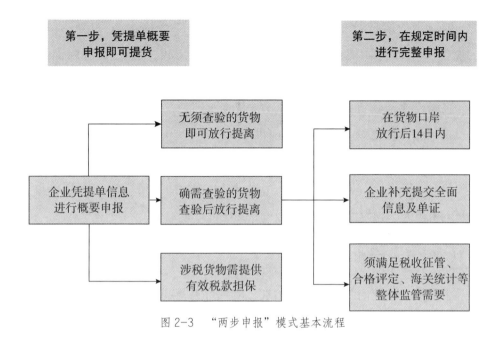

图 2-3　"两步申报"模式基本流程

（三）国际贸易"单一窗口"的外部协同

随着信息化时代的到来，国家或地区之间的贸易往来越来越密切。为了进一步促进国际物流业的发展和壮大，提高贸易便利化水平，"单一窗口"的理念和做法便在信息化技术的基础之上应运而生。

联合国最早提出了"单一窗口"的概念，其含义是那些国际贸易的参与者和运输方，可以在统一的平台上提交货物进出口或转运所需要的单证与信息，通过统一的平台可以对这些信息资料进行高效的处理，如此一来可以提高处理单证信息等的效率，而且也符合有关的管理要求和法律标准。而对于那些进出口贸易活动中的相关者（主要是货主企业、货代报关企业）来说，其只需要借助单个端口就可以接入系统，查询到所需的所有单证与信息，从而实现相应的通关申报操作。因此，"单一窗口"不仅是一个信息化系统，还是各国（地区）改善营商环境的一个重要举措，更是促进贸易便利化的一个重要抓手。

　　以口岸政府监管机关的综合方面作为切入点所构建的"单一窗口"，实现了多个部门职能的融合，因此也促成了比较完善的政府内部协同机制。

　　我国构建国际贸易"单一窗口"，基本原则是发挥口岸管理部门职能作用。世界银行数据统计表明：目前世界上已经有70多个独立经济体实行了"单一窗口"。"单一窗口"在2016年、2017年、2018年连续三年写入我国国务院政府工作报告。2019年，中国很多口岸开始全面实施"单一窗口"，北京大兴机场海关的物流监控平台就是一个很好的实例。

（四）关检合并的内外协同

　　为了加强各部门之间的协同治理，实现贸易便利化的发展目标，创设优质的对外开放环境，深入促进"一带一路"倡议的贯彻落实，2018年4月，国家质量监督检验检疫总局的出入境检验检疫管理职责以及队伍划入海关总署。至此，新海关应运而生，具体调整如图2-4所示。

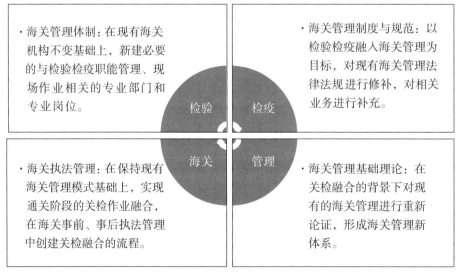

图 2-4　关检合并后的相关调整

（五）协同治理在海关系统应用的研究启示

1.海关国际合作的需求

2018年4月20日，关检合并完成，开始对外挂牌。然而，结合实际情况来分析，若想实现内部的充分融合，仍需经历很长的发展时间，才能由机构合并发展为深度融合，最后发展为全面融入。在关检合并的影响下，口岸通关也发生了变化，主要体现在通关作业、旅检监管、辐射探测、快件监管等方面，各个监管流程均得到了简化处理。

2.各国（地区）海关的需求

随着经济全球化的持续推进，各国（地区）之间的贸易往来与经济合作也日益密切。各国（地区）海关是监管进出境运输工具以及货物的重要部门，其所具有的重要性也逐渐凸显出来。2008年，全球范围内爆发了严重的金融危机，导致国际市场的贸易需求有所下滑，国际贸易量也呈现出递减趋势，贸易保护主义开始抬头，与此同时，关税以及非关税贸易壁垒也日趋严峻。许多区域经济体之间加强了合作往来，并对这一问题展开了深入的探讨与分析。WTO颁布的《贸易便利化协定》中，也对各成员方的海关合作提出了明确要求。2004年，WCO正式出台的《海关行政互助双边协定示范文本》为此提供了更充分的法律保障。

3.中国海关的需求

（1）提升中国国际贸易地位的需要

2013年，我国的进出口贸易总额达到了4万亿美元，已经赶超美国，在国际上排名第一。海关是我国进出口贸易的重要监管部门，其服务水平以及监管能力如何，直接影响国民经济的发展。

综合当前的发展现状来看，海关在履行自身的职能任务时，仍存在许多不足之处。在传统的海关监管职能中，以通关监管为例，其所具有的问题主要体现在通关程序繁琐、许多行政裁定很难互认、缺少完善的统一执法措施等。因此，积极学习先进国家的海关监管工作经验，可对我国海关起到一定的指导作用。

（2）国家"一带一路"倡议的需要

为了响应"一带一路"倡议，《愿景与行动》提出了五项合作内容，即"政策沟通、设施联通、贸易畅通、资金融通、民心相通"，实现了多个方面的覆盖，其中包括合作理念与方法、技术方法升级、国际公约实践以及监管合作等，对海关国际合作提出了更多的要求。"一带一路"倡议有力地推动了世界经济的快速发展，我国不仅仅是倡议者，也会把自己的先进技术、巨大的产能以及丰富的资金积极转化为市场与协同合作优势，真正丰富人类命运共同体的内涵。

4.贸易便利化的需求

进入21世纪之后，随着国际贸易的不断发展，贸易便利化的需求主要表现在以下几个方面：（1）贸易部门层面：部门内与产品内贸易起到了主导作用，跨国投资与贸易融合互动，跨国企业的企业内贸易起到主导作用。（2）贸易范围层面：国际贸易投资自由化、区域经济一体化以及便利化的深入发展，对区域内贸易发展产生了促进作用。（3）贸易模式层面：在服务外包的影响下，实现了科技全球化，促进了跨国转移与技术贸易、全球产业链的科学分工合作。

为了实现贸易便利化的目标，在设定关税税率的过程中，我国已经为此付出了许多努力，如进口货物征收进口关税，中国海关的征税税率主要有以下几种类型：特惠税率、普通税率、最惠国税率、进口暂定税率、进口关税配额税率、协定税率以及ITA税率。

特惠税率、普通税率、最惠国税率以及协定税率，是按照各国（地区）之间的优惠贸易安排来划分的；基于进口暂定税率层面考虑，是在最惠国税率的基础上予以减少；进口关税配额税率和ITA税率则是按照货物的用途与数量来划分的。综合当前的发展现状来看，怎样通过各国（地区）之间的海关协同合作实现贸易便利化的目标，已经成为中国海关面临的又一新问题。

第 三 章

中国海关国际协同治理的
由来及制度变迁

笔者在第二章理论研究基础中介绍了协同学的起源、合作治理制度、新制度主义理论，其中重点介绍了制度变迁理论以及制度创新理论，特别是后期的制度变迁理论发展，既参考借鉴了演化经济理论得出的研究结论，也吸收了哈耶克提出的"认知进化"理论。

这里还要提一下制度变迁理论，制度变迁往往是通过两种不同的方式来实现的。其一是强制性制度变迁，即在政府的命令之下或者通过法律来实施新制度；其二是诱致性制度变迁，即由个人或某一群体对获利机会进行响应，然后发出倡导并且组织现行制度替代和变更旧制度，也有可能是直接创造新制度。中国海关协同治理的制度将会随着时间的推移和社会的发展而变化。

第一节　中国海关国际合作的传统制度

20世纪50年代，海关合作理事会（世界海关组织前身）正式成立，自此产生了传统的海关对外业务领域。在实践中，为了协调成员之间的海关业务，在全球贸易流通过程中，避免产生过多的繁琐程序，该组织一直在促进海关业务的国际化以及制度化建设。

一、海关商品归类制度的产生及发展

（一）产生及社会背景

《商品名称及编码协调制度》的中文简称为《协调制度》，英文简称是HS。《协调制度》的产生因素主要是社会化大生产的发展、贸易范围的扩大、贸易统计以及税收等。它的发展建立在《海关合作理事会商品分类目录》与《国际贸易标准分类》的基础上。在此过程中，历经了多个版本阶段，其中包括《协调制度公约》等，在经过长时间的探索与研究之后，最后形成了比较完善的"国际贸易的语言"。综合当前的实际情况来看，在国际社会上广泛流传的为第六版《协调制度》。从其生效开始，截至2018年9月，举办的世界海关组织协调制度委员会（HSC）会议已经达到了62次，探讨的议程项目共计4144个，长时间的探讨与分析，旨在实现《协调制度》的更新与完善，与时代的需求相符合。第七版已于2022年1月正式发布。

《协调制度》由海关合作理事会创立，各国海关在进行对话沟通时，采用的是同一种语言形式。从实质上来看，《协调制度》是国际贸易活动所产生的商品分类目录，也是不可缺少的标准方式以及重要的官方语言。

1988年1月1日，《协调制度》正式生效。这一国际标准在全球范围内得到了广泛应用，也对世界贸易的发展产生了促进作用，在许多领域均产生了重要影响，尤其是在海关税则、贸易政策与配额管制、国际贸易统计与数据交换、原产地规则、受管制货物监管等方面。目前也开始涉及化学武器前体、危险废物种、海关监管程序、经济研究等多个方面。

以上也表明《协调制度》是政府性制度变迁。正是由于政府的主导，《协调制度》才能在全球贸易的发展过程中起到不可缺少的重要作用，并成为世界海关组织实现战略目标的重要工具。除此之外，其也为海关程序简化与协调创造了有利条件，并且为后面的跨境贸易货物监测打下了坚实的基础，有利于各国海关战略目标的实现，对经济发展起到了一定的促进作用。

（二）发展和运用

在经济全球化背景下，《协调制度》在我国也得到了广泛应用。该项制度的普遍适用不仅规范了进出口管理，促使各项贸易管制以及税收政策得以贯彻落实，而且也为企业的进出口贸易创造了许多便利条件。

从2000年开始，我国就已经执行了商品归类制度，2007年对其进行调整与完善。当前修订的名称为《中华人民共和国海关进出口货物商品归类管理规定》，这也是一种制度的创新和传承。

（三）阻力和发展建议

货物通关最大的阻力就是因归类不规范导致的经济损失。为减少企业的经济损失，应采取以下几项措施：第一，构建规范的专人报关制，采取执证上岗的方式，定期对专人进行相关政策培训；第二，在货物进出口之前，对商品实行预归类的方法，并为各项工作的开展创造有利条件；第三，对海关发布的相关法律法规与政策方针进行深入的了解，加强各部门的沟通与协调，从而使重大商品的归类争议问题得到解决。

（四）最新动态

《协调制度》从1988年启用至今，已经历了三十多年的发展。从2021年1月发布的《中华人民共和国海关进出口商品规范申报目录》看，对可用大数据查到的要素不再设置，对专业性强的要素予以简化或优化，降低了企业申报难度。其中，规范申报要素共删除、新增和修订96种，涉及440个税号。相关调整如下：

（1）简化要素，便捷通关：如删除第25、26章下要素"外观"，简化填报。

（2）同名要素，统一规范：如原有要素"品牌"统一规范为"品牌（中文及外文名称）"。

（3）增加要素，重点关注：如税目30.03、30.04项下药品新增要素"化学通用名"。

（4）标点含义，请予关注：如要素为两个及两个以上时，用顿号表示选择关系，即填报时选择一项或多项。

（5）特别提醒："葡萄酒"既有删除要素，又有新增要素。

二、预归类制度的产生及发展

（一）产生

海关在进行税则归类时，往往采用商品预归类制度，这种制度有约束力，其主要表现形式是：对商品归类的预申报行为进行明确规定；表示的是在货物进出口之前，或者是贸易成交之前，当事人向海关递交专门的归类申请，并且为此提供相关的资料信息，海关归类的相关部门进行分析后，采取一系列决策行为，制定出专门的《商品归类建议书》，建议书具有一定的法律效力。

货物在进出口期间，海关能够将预归类决定书当成凭证来处理持有人申报的货物，并采取相应的归类征税以及验证操作。

（二）发展

确定进出口货品的适用税率是《协调制度》的最直接目的。预归类制度对海关统计数据的精准性产生直接影响，同时与海关的监管措施关联，也对货物监管特性的判断产生决定性作用。为满足各方需求，各国（地区）海关均推行这一制度。

海关合作理事会于1996年6月通过相关的建议书，此后各国（地区）陆续开始采用预归类制度，如美国、澳大利亚以及欧盟等。统计结果显示，至20世纪末期，在全球范围内，采用这一建议书的国家（地区）已经达到了30多个。

（三）运用

预归类制度作为一种政府性制度的变迁，是基于归类制度而实现的。从某种程度上来看，也是时代发展的重要产物。对正式申报进口的货物展开科学的分析是我国海关部门对进出口商品展开科学归类的重要基础，这一归类模式属于通关现场归类，还可以将后续的审核权力等都保留下来。而随着近年来我国海关实践的发展以及对外贸易规模的不断扩大，我国海关已经不再适合现场归类模式以及现场通关模式，因此开始逐步探索制定并实施约束性的预归类制度。

（四）对预归类制度变迁的建议

根据上述预归类制度的特点和功能，笔者通过多年工作的实践和归纳，对该制度的下一步变迁提出以下五个方面的建议：

第一，为构建响应国家发展趋势的预归类制度，在海关专家的共同协调与配合下，中国海关应构建专门的归类以及预归类职能机构，并且成立两大部门，即化验部门与归类部门，采用这种方法，可以充分体现出商品化验的价值，从而促使预归类制度的科学性得到显著提升。

第二，我国海关试行的预归类做法中，大多未赋予该项制度相应的法律效力，应进一步完善相应的法律制度。建议前提是要建立和完善相应的法律保障体系。

第三，在预归类任务中，复合型专业人才是关键因素，其不仅能掌握扎实的专业知识，也要具有熟练的业务技能。所以，建议重视培养专业人才队伍。

第四，在构建预归类制度时，必须基于海关业务科技一体化方可实现，并且与当前的无纸化报关与计算机网络化搭配起来，与此同时，也应充分考虑各项防范措施，严厉打击各项走私犯罪行为。

第五，归类职能部门必须对信息采集工作予以高度重视，通过信息部门或互联网了解国内外相关信息，为预归类工作的开展提供更多的参考依据。所以，建议不断积累和科学采集信息。

三、海关估价制度的产生及发展

（一）产生

在国际层面，海关估价制度存在两种不同的体系，一种是以WTO《海关估价协议》为典型代表，另一种是以《海关商品估价公约》为典型代表。这两种比较典型和普遍的海关估价制度，在很多方面都有明显的区别。这些区别具体体现为价格调整因素、估价概念与定义以及价格准则等多个方面。

《关税及贸易总协定》（GATT）第七条的规定是以上两种不同的海关估价制度形成的基础。该规定提出，进口货物虚构的价格不应该被视为海关估价的标准，那些实际价格才应该被视为海关估价的依据和基础。然而GATT第七条的规定可操作性并不强，为了弥补这些缺陷，同时也为了更好地执行和操作，就有了《海关商品估价公约》。该公约是一种诱致性的制度变迁，公约对正常价格估值进行了明确的定义，然而因为这个公约制定的背景是贸易保护时期，所以它并不符合"充分竞争"的理论要求，在贸易自由化不断推动下，WTO《海关估价协议》应运而生。

针对进出境货物，我国海关部门在展开估价时，有权确定进出境货物的价值以及它们的完税价格，这也是一种比较常见的政府职能。因此，必须从立法层面出发，对此展开深入的剖析，制定出规范合理的估价制度，保障各项工作有序开展，从而对海关人员以及纳税人等的基本行为起到约束作用。在此过程中，海关估价制度不仅包含了广义层面的含义，也包括了对纳税义务人以及海关的权利义务的立法制度，还对多项业务进行了规范，比如估价方式、海关审定价格方式以及海关估价准则等。

（二）发展脉络

1. 第一阶段：GATT 第七条原则性规定

在国际贸易不断增长和发展的过程中，海关估价制度也在不断完善。随意地高估价格会使关税的征收金额也有所提升，并对国际贸易发展产生许多不利的影响。1947 年发布的 GATT 原始文本中，就已经对海关估价规定进行了详细说明，主要体现在第七条中。

GATT 签订之后，联合国欧洲经济委员会颁布了联合宣言，明确提出了在第七条原则的条件下，构建相应的关税同盟，并按照卢森堡、荷兰以及比利时等方提出的指导意见，在布鲁塞尔正式成立欧洲关税同盟研究小组，这也是研究相关工作的权威性组织。关税同盟的成立可以促进关税政策的贯彻落实，为了促使这项工作取得显著成效，该组织在经过探索与商讨之后不仅成立了关税委员会，还建立了专门的经济委员会。该组织按照第七条原则的相关要求，结合各个国家（地区）的实际情况，出台了相应的九项原则。基于此，《海关商品估价公约》于 1950 年 12 月正式签订，并于 1953 年 7 月生效。

2. 第二阶段:《海关商品估价公约》

《海关商品估价公约》正文内容共计18条,还有1份议定书和2个附件。附件一的主要内容是估价定义,附件二的主要内容是与估价定义相关的注释。该项制度有助于促进发展国际贸易、便利关税和统计比较。

随着国际贸易的不断发展,很多国家(地区)为了使本国(地区)产业获得更多的保障,采取了许多的非关税壁垒政策。

《海关商品估价公约》的签署,从某种程度上来看,虽然可以使这种问题得到缓解,然而制度的本身并不完善,赋予了各国海关极大的自由裁量权,其不足之处越发明显,WTO《海关估价协议》应运而生。

3. 第三阶段:WTO《海关估价协议》

WTO牵头制定的《海关估价协议》分为四个不同的部分。第一部分主要介绍了海关估价的规则;第二部分主要分析了现阶段管理工作和协商过程中存在的一些问题,在此基础上还提出了一些具有针对性的解决措施;第三部分主要对差别化与特殊待遇进行分析;第四部分则阐述了最后条款的相关内容。

(三)运用分析和发展

1. 运用分析

现阶段,各国(地区)海关基本上实施了从价税的征税形式,对进出境货物需要征收一定金额的关税。海关在完成审价以后,就确定了计征关税的货品价格,这个价格可以称作完税价格,也就是海关价格。海关部门可以直接判断这些货物的完税价格,所以其也被称为海关估价。

WTO《海关估价协议》的目的为构建具有统一性、公平性以及中性的海关估价制度。该协议不仅赋予了海关一定的权力,为了避免出现权力滥用行为,也采取了相应的防治措施;同时,也要使进口商自身的合法权益得到充分保障。

2. 制度发展

提高海关估价制度的规范统一性,消除存在于国际贸易之中的海关估价壁垒，有助于推动国际贸易的自由化发展，实现经济效益最大化的目标。为了实现这一目标要求，1979年4月12日，《关于实施关贸总协定第七条的协议》在日内瓦正式签署，并于1981年1月1日生效。该协议为设计海关估价制度创造了有利条件，所提供的国际性规则具有公平性、统一性以及中立的特点。

四、原产地规则制度的产生及发展

（一）产生

原产地的含义是生产或制造某一产品的国家或地区。各国在发展的过程中，采用了立法的形式，设计了进出口货物国籍的标准依据，也可以将其称为原产地规则。综合当前社会的发展现状来看，原产地就是一个产品的"法定国籍"。货物原产地的含义就是在国际贸易流程中，货物商品的来源地，涵盖的内容比较广泛，主要包括商品的制造地、加工地以及生产地等方面。

20世纪50年代之后，国际组织始终致力于协调原产地规则，并为此付出了许多努力。与此同时，许多专家学者也对原产地规则的国际协调现状展开了深入的探讨与分析。20世纪90年代之后，WTO所制定的原产地规则可以在各个国家（地区）适用。

（二）运用分析

在国际贸易中有一项重要制度和规则，就是确定商品"法定国籍"的货物原产地规则，其目的是满足贸易统计的基本需求，并进行产品标识，但是随着生产国际化的持续推进，产品所在的加工生产环节是由许多国家共同参与的，使得货物原产地的确定变得复杂起来。

综合国内当前的发展现状来看，加工贸易业务与原产地规则存在密切的相关性。近年来，我国的加工贸易占全球加工贸易总额的比重越来越高，成为重要的加工贸易大国，但是我国在加工贸易链中还处于中低端的位置。

（三）制度评价

原产地规则制度主要包含了争端解决机制、基本原则、主管的机构、原产地的基本标准、程序的规则以及适用的范畴等。相关制度评价如下：

（1）与原产地规则制度相关的研究逐渐增加，而且取得了更多的突破性成就。在国内，主要研究了原产地的相关概念与规则分类，归纳整理了具体的构成要素，对比分析了各项指标等。

（2）研究具有跨专业性的特点。其适用专业十分广泛，并非仅拘泥于法学方面的规则研究，而是涉及了多个专业领域，其中包括管理、贸易、政治以及经济等多个方面，并对原产地规则展开了更加深入的探讨与分析。

（3）研究领域得到了拓展延伸，研究层次也更加深入。学者田圣炳在其所创作的《原产地营销》这一著作中，以企业作为切入点，重点分析了企业营销与原产地之间所具有的相关性，基于此总结了一系列的研究结论。

（4）研究焦点逐渐具有集中性。近些年来，通过对各类研究文献进行分析后发现，研究焦点比较集中，主要体现在以下几个方面：首先，在对国际经验进行研究的过程中，许多学者均研究了西方发达国家的经验做法；其次，全面分析了原产地规则的相关内容，并高度集中在自贸区这一领域，这样一来，也疏忽了对反倾销以及反补贴等问题的研究和探讨；最后，在理论方面进行了详细分析，通过对其产生机制、改革制度以及发展过程等进行剖析之后，对具体问题的适用情况进行重点研究，主要包括原产地规则和贸易统计、原产地规则和政府采购等多个领域，使其更加倾向于解决实际问题。

（5）理论研究和实践应密切结合。在规则制定与实施方面，结合其所存在的难点以及各项问题，许多专家学者均进行了研究。比如，在规则的制定以及谈判过程中，到底应该采用哪种标准方式？现阶段，与预期效果相比较，企业利用该规则的比例更低，导致这一问题出现的原因是什么？应该采用何种解决措施？关于证书的申领方面，使用者究竟应该采用何种原产地规则，才会具有更多的可行性？对于以上问题，均需要进行深入的探讨，并总结出科学合理的研究结论。

综上所述，在经济的快速发展和贸易全球化的不断推进之下，各国（地区）海关之间的交往合作越来越密切，这些传统制度也随之产生了一系列的变革，制度变迁应运而生。

第二节　中国海关国际合作的过渡阶段

20世纪90年代至21世纪初，随着国际贸易的不断发展，跨国犯罪以及走私行为越来越普遍，对社会发展造成了严重的危害。在此背景之下，海关的四种传统职能已经不能完全满足需求，而各国（地区）的行政互助合作模式逐步形成，新的合作模式和相应制度随之变化。

一、行政互助模式的概况和发展

本着互惠互利原则，各国（地区）海关在行政互助的模式下签订了专门的双边或多边协议，而且也签署了规范的合作备忘录，在海关允许的职权范围内，实现了多个方面的互助与共享，其中包括信息交互、单证以及个案协查等。

WCO在2004年6月通过多轮协商后修订了《海关行政互助双边协定示范文本》，主要目的是为各成员之间的行政互助创造更多的有利条件，并给予充足的立法保障。通过对海关行政互助模式进行分析后发现，其是按照20世纪90年代初期的相关指引执行的。其中，行政互助的主要目的是实现信息资源的交换。由于国际贸易的日益增长，违法犯罪行为广泛存在，为了使国际贸易供应链具有更多的可行性，并对海关的高效执法产生促进作用，各国（地区）海关从多个途径获得相应的资源信息，并对其采取规范合理的筛选筛查以及风险评估。例如，2010年10月，俄罗斯与越南签订相关协议，明确提出，为了促使两国之间的人员往来以及货物流动得到充分保障，两国向对方出口的商品信息等，均需要向对方汇报可能存在的潜在威胁，及时进行情报资源共享。

二、行政互助模式的框架及文本分析

从严格意义上来讲，行政互助模式还不算是一种制度，而是一种模式，但是在其相关协议框架内，各个国家（地区）的海关也展开了一系列的双边或多边合作，以提高贸易安全以及便利性，促进合作的有序开展。所以行政互助模式受到了诸多国家及地区的关注，促进了不同国家或地区的海关进行信息互换，可以为国际贸易的发展奠定良好的基础。从进口国（地区）海关的角度来看，可以第一时间得到运输工具以及货物的相关信息，并且立即进行有效的风险评估与鉴别，从而避免高风险的货物进入本国（地区）境内。从出口国（地区）海关的角度来看，信息互换有利于掌握货物真实状况，提高守法企业的通关效率，与此同时，也可以增强各国（地区）之间的互信程度。

2004年，WCO修订了《海关行政互助双边协定示范文本》，规定海关应相互提供有助于海关法的合理运用，防止、调查以及打击违法犯罪行为的相关信息，在整体的国际贸易供应链中，也充分保障了信息安全。第四条至第七条也明确提出了"关税计征的信息"等相关内容。

三、行政互助模式的运用分析

WCO提出，为了促进各国（地区）海关的发展，并为其信息交换提供重要的法律依据，应制定双边或者多边的信息交换文件，并为此提供更多的保障。所以，随着《海关行政互助双边协定示范文本》的出现，这一问题得到了有效解决，从某种程度上来看，也为各国（地区）海关的互助协定提供了样本。

行政互助模式是通过一种文本协议的方式在各国（地区）海关之间进行业务沟通合作，虽然无法制定出十分显著的制度，但是在许多领域中，可以为公约、备忘录以及协议等合作事项提供重要的指导依据。除此之外，在国际海关合作中，行政互助也是十分常见的一种模式，也为"一带一路"倡议中的"互信、互利、互通"奠定了良好的基础。

第三节　中国海关国际协同的产生和发展

一、"一带一路"产生的背景分析

从某种程度上来看，"一带一路"倡议并非仅是由某一目的或单一因素而决定的，是诸多复杂因素共同组成的宏观格局变化的结果。因此，"一带一路"倡议是转变国家发展模式、提高经济全球化程度以及转变国际经济格局的重要产物。在此过程中，涵盖了很多综合因素，其中包括塑造和平、寻求战略性资源供给多元化以及稳定的周边环境等，其会对国家发展产生重要的现实意义。

（一）经济全球化的背景

1.全球化的溯源

20世纪80年代后，从媒体、学术界到政界都开始流行一个词——经济全球化。实际上，早在16世纪之前就已经有全球化的萌芽了，随着国家或地区之间的交往越来越密切，出现了各式各样的全球化。我国古代丝绸之路开展的是跨国贸易，它实际上也是全球化的一种体现形式。但自20世纪70年代起，全球化直接影响着全球经济的发展。在这一时期，跨国直接投资额不断增长以及布雷顿森林体系的成功建立等，是推动全球化的重要动力。笔者认为，全球化的本质就是资本积累的"空间出路"及与新自由主义思潮的充分融合。

马克思在《资本论》中明确提出，在资本积累的背后，将会面临周期性经济危机的情况。然而，空间转移与技术的不断进步会对经济危机起到延缓作用，这种情况可以称为"空间出路"以及"技术出路"。学者大卫·哈维发现马克思在《资本论》中的很多处都写到了资本积累的特点，主要是围绕资本的"空间出路"展开研究，因而创造出了一套完整的解释资本积累地理机制的学术体系。

在研究的初期阶段，许多理想者提出的观点为，国家与区域不会对资本产生任何的限制，可以实现自由流动的目的。然而，在经过长时间的研究之后，许多学者均对这一观点提出了质疑，在修正与完善过程中，也逐渐对全球化有了更加深入的认知与了解。综合当前的研究现状来看，关于全球化的界定与认知更趋向于表层，忽略了其所具有的内在实质。新自由主义全球化并不在意普通人的生活变化，主要是实现资本积累的"空间出路"。所以，虽然许多学者提出，资本迅速流动与全球化会影响全球政治力量的平衡状态，但是没有意识到其也极大加剧了贫富差距。

2.全球化的表象

经济全球化涉及的领域比较广泛，不仅包含了企业的全球性战略，也包含了资金、信息以及商品的全球流动等多个方面。

第一，相比于经济增长速度，全球贸易增长速度明显更快。在20世纪70年代之后，全球经济增速常低于出口增速。根据调查结果，1970—2014年，世界经济总量增长了26.5倍，出口增长了62.2倍。1990年，在全球GDP总量中，货物和服务出口额所占比例仅为18.4%，2019年则增长到了38.5%。

第二，相比于贸易增长速度，全球对外直接投资的增长速度明显更快。综合当前的国际形势进行分析，世界对外直接投资具有非常大的波动性，有时增速为50%~60%，有时则出现负增长。然而，结合长期研究看，贸易增长速度要低于对外直接投资的增长速度。1970—2014年，全球对外直接投资额增长了93.8倍，而出口额则增长了62.2倍。根据统计结果，2008年以前，在对外直接投资总额中，发达经济体在全球市场上所占比例超过了85%，2016

年则降至61%，直至2019年时，又增长到了72%。

第三，跨国企业的数量快速增长。所谓跨国企业，表示的是在两个及以上的国家从事经营与生产活动的企业。在20世纪50年代，全球跨国企业的数量甚至不到2000家；20世纪60年代之后，上涨至7000多家；在20世纪80年代初期，跨国企业的数量已经达到了1.5万家；在1997年之后，则增长至5.3万家；时至今日，在全球市场上，跨国企业的数量早已突破了几十万家，业务遍布全球180多个国家及地区，并且掌握着全球经济总量2/5的命脉，对全球经济发展产生了不可撼动的影响。

第四，全球经济碎片化与一体化是共生共存的。经济全球化的持续推进对贸易与投资自由化产生了促进作用，由此一来，也极大地推动了世界经济一体化。WTO为各个国家的贸易活动创造了有利条件，全球劳动分工也逐渐趋向于一体化。现阶段，加入WTO的成员方共计达到了164个，在全球经济市场上，成员方之间的贸易总额占比高达98%。在全球经济一体化的发展历程中，虽然WTO做出了巨大的贡献，然而，由于成员方数量众多，若想各方之间达成谈判共识，仍有许多的难度与挑战。全球所签订的多边以及双边贸易协定已经达到了1000个以上。所以，全球经济呈现为碎片化与一体化共存的状态。

第五，在世界经济发展中，全球生产网络以及一体化逐渐形成。由于贸易与投资自由化的持续推进，科技水平不断进步与发展，全球经济产生了全新的空间重组。例如，跨国企业的空间组织与经营生产行为逐渐趋于复杂化，活跃性有所提升，也促进了跨国生产网络的建立。

3. 四十多年来全球格局的变化

经济全球化的持续推进对各个区域的社会经济发展带来了巨大的影响。一方面，经济全球化的不断发展成为经济增长的重要动力，生产要素的配置具有明显的全球化趋势，同时投资活动和贸易活动的自由化程度不断提升；另一方面，在这一背景环境下，也导致各国（地区）的经济发展呈现出不均衡状态。

　　改革开放40多年来，中国经济的发展和全球经济的发展已经逐渐紧密地结合在了一起，中国经济和全球经济形成你中有我、我中有你的发展格局，同时又进一步促进了世界经济大发展，所以在某种程度上中国经济的发展改变了世界经济发展格局。改革开放初期，中国的GDP占全球份额的5%左右；出口额占全球比重不足1.5%；到2019年，这两个统计数据分别上升到16%和13.8%。进入21世纪以后，中国经济可以用腾飞来形容，2010年，我国一跃成为全球第二大经济体；2013年，我国正式被列为全球排名首位的货物贸易国；2015年，我国发展为全球第二大对外投资国；2019年，根据世界银行全球营商环境报告，中国在190个经济体中位列第46名，较上一年度提升了32位；2020年，根据世界银行全球营商环境报告，中国位列第31名，较上一年度提升了15位。

　　从更长的历史时期来看，近百年来世界经济格局的最大变化就是中国经济的崛起。特别在第二次世界大战后相当长的一段时期内，世界劳动分工一直被"核心—边缘"模型占据着。其中，模型中的"核心"就是发达国家；而发展中国家则是其中的"边缘"，负责供应农产品与原材料物资，与此同时，也是发达国家所面向的市场。"南南合作"和"南北合作"就是这个模型最形象的划分。随着经济全球化的不断发展，这个模型发生了巨大变化，二元结构也随之而变。是传统产业由发达国家转移到如中国、印度等发展中国家，自身呈现"空心化"的状态，经济发展的重心也发生了转移，逐渐趋向于高科技以及金融领域。发展中国家中具有代表性的国家即为中国。中国已经发展成了全球首屈一指的制造业大国和新兴国家。所以，在这一背景条件的影响下，世界经济体系也呈现出了新的模型结构，主要体现为"核心—中间层—边缘"的三元结构（如图3-1所示），其中的中间层就是新兴国家，在世界经济中逐渐起到了不可忽视的重要作用。2013年中国提出"一带一路"倡议之后，这个三元结构有了新的变化，进一步促进了全球经济治理体系的创新与变革，并且实现可持续发展的目标，也是今后可以更好效仿的重要模式。

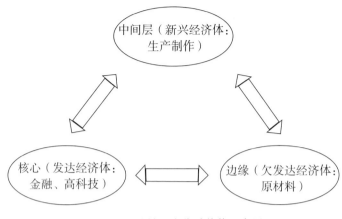

图 3-1　世界经济体系结构示意图

（二）中国发展模式转变的背景分析

随着改革开放的持续推进，我国经济的发展取得了令世界瞩目的成就，并且始终保持高速增长的态势。1978—2015年，中国GDP的年均增速达到了9.6%；在此期间，我国的GDP水平由一开始的2000多亿美元，逐渐增长至10.8万亿美元；按可比价格，我国的经济总量提升了30多倍，成为世界第二大经济体，人均GDP水平也增长到了8000美元，人民群众的生活质量得到了显著提升。面对如此卓越的发展成就，国内外的许多专家学者在探讨"中国奇迹"的话题时，认为中国之所以取得如此辉煌的成就，是因为市场机制的引入。2023年发布的《政府工作报告》中也指出：处理好政府和市场的关系，使市场在资源配置中起决定性作用，更好发挥政府作用，推动有效市场和有为政府更好结合。从总体上来看，正是经济全球化的不断发展，为中国的经济发展创造了更有利的平台。在国际大环境的影响下，中国凭着长期积累的经验，努力奋斗拼搏，再加上渐进式改革的深入推进，取得成功也是必然的。

1.经济快速增长付出的环境代价

虽然中国经济增长速度飞快，并取得了巨大的成就，但却因此付出了环境资源的代价。1978年，我国能源消费总量仅为5.7亿吨（标煤，下同），

2004年增长到了23亿吨，2015年已经突破了43亿吨，2022年则为54.1亿吨。在这40多年的时间里，已经增长了9倍多。除此之外，在经济增长的背后，也占用了许多土地与耕地，在进入21世纪之后，耕地占用面积年均达到了350万亩左右；土地过度利用与低效利用的现象十分普遍。追求经济效益带来的生态环境问题，不利于我国经济的可持续发展，水资源污染、土壤污染、雾霾肆虐、湿地消失、草原沙化等已严重影响国民的日常生活，成为不可忽视的民生大事。

2."新常态"下的发展模式转变

从经济系统层面进行分析，当前我国已经步入"新常态"。"新常态"包括很多的综合因素和指标，最关键的是发展模式发生了变化，也就是说，"新常态"下必须立足于全球化与多元化视角的发展模式与宗旨理念。从客观层面来看，我国必须结合基本国情，积极促进各个产业的转型升级，逐渐步入经济多元化发展、以创新驱动为核心、致力于拓展新市场的新时代。换句话说，我国必须改变当前的经济发展模式，这也是作为世界经济重要组成部分的客观需求。因此，中国必须站在全球经济的视角来考虑资源配置，创造可持续发展的新模式。

3.新发展模式的建立

进入21世纪，我国的经济发展模式已逐步转型升级。2008年全球金融危机后，我国对外直接投资呈现快速增长趋势。例如，2005年之前我国对外直接投资年均仅有几十亿美元，2008年之后已经增长至599亿美元，2013年更是突破了千亿美元大关，2015年超过了1456亿美元，位居全球第二。

4.中国治理能力体现

根据WTO和各国（地区）公布的数据，2020年前10个月，我国进出口、出口、进口占国际市场份额分别达12.8%、14.2%、11.5%，均创历史新高。这些数据充分证明了中国的制度优势和中国治理的能力。

在现代世界体系的发展过程中，不平等经济交换的现状广泛存在，较边缘地带为了促进发展，提升自身的地位，也会付出许多的努力。地理层面的阶层结构划分也是可以变更的，这也为发展中国家的发展创造了更多的理论依据。所以，笔者认为，要为我国的海外投资提供保障，确保我国的利益不受侵害，同时带动资本的全球化发展，就需要结合我国的实际情况以及现代世界体系的发展制定出全新的、具有较高水平的国家倡议。"一带一路"倡议就是一个符合时代潮流的重大倡议，该倡议提倡"包容性"，它是源于我国"和而不同"的重要理念，鼓励各个国家或地区相互包容、相互合作，通过协作共赢的方式促进各自的发展。

二、海关国际合作组织的背景分析及发展

在海关的传统职能中，海关监管的重要性和特殊性众所周知，相关国家和地区的监管部门是海关国际协同的主体。同时，随着海关国际化的进一步发展，海关国际协同的主体也随之变化，变成了区域合作组织，或是全球性国际组织。随着协同主体的变更，国际海关当局也提供了更加全面的协同机制。在全球海关国际合作业务中，WCO起到了不可缺少的重要作用，也提供了很多发展平台，而贸易便利化的不断发展也为各国（地区）海关的国际协同业务创造了有利条件。

（一）全球性国际组织

1.世界贸易组织

1995年成立的世界贸易组织，总部设在瑞士的日内瓦。截至2023年7月，世界贸易组织有164个成员，25个观察员。这些成员之间开展的贸易总额占世界国际贸易总额的95%左右。世界贸易组织是世界上规模第一大的多边贸易组织，其成员依靠多边贸易谈判的方式来推动国际贸易的协调和协同发展。世界贸易组织的成立对促进全球贸易协调发展做出了巨大的贡献。

2.世界海关组织

从20世纪初起，为了增强全球贸易协调性，贸易各国（地区）开始探索

建立国际海关制度的统一标准。1994年，世界海关组织正式成立（前身是海关合作理事会）。现阶段，由于国际贸易持续推进，国际协同合作越来越密切，因此世界海关组织的协同作用也发挥得更加充分，世界海关组织的发展如图3-2所示。

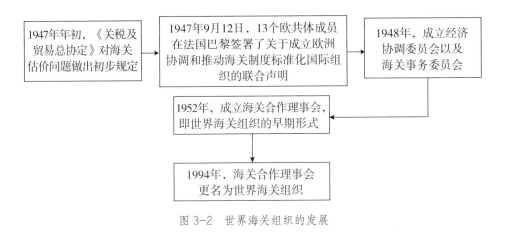

图 3-2　世界海关组织的发展

（二）区域性国际海关组织

1.欧盟海关同盟

欧洲自成立欧共体起，已经形成了区域经济联盟，具有极高的一体化程度。在欧盟关境范围内，并未建立统一规范的海关机构或组织，主要是靠关税同盟和共同关税制度，对欧盟境内的进出境业务进行规范与管理，包括国际货物、运输工具以及物品等方面的管理，由各成员方海关具体负责并实施欧盟海关的法律法规，严格按照监管要求执行，并采取有效的征税管理制度。这些成员方如果在贯彻落实欧盟海关制定的相关法律制度的过程中存在难以解决的问题，就需要让欧盟委员会来处理这些问题。欧盟委员会一共设置了33个总司，其中税收与关税联盟总司主要负责处理涉及海关法律制度实施的相关问题。所以，这个同盟组织主要是发挥关税联盟的协同作用。

2.俄白哈海关同盟

俄白哈海关同盟成立于20世纪末。目前其同盟包括俄罗斯、白俄罗斯、哈萨克斯坦、吉尔吉斯斯坦和塔吉克斯坦五国，在21世纪初构建了欧亚经济共同体。该共同体成立的初衷在于促进区域经济共同体的发展，为了达到这一目的，该联盟分为三个发展阶段：第一，建设一个自由贸易区；第二，成立专门的海关同盟；第三，建立相应的共同市场。在此期间，海关同盟的最主要任务就是：第一，在区域经济共同体范围内，对贸易制度进行统一管理；第二，取消对关税以及进出口商品数量的限制；第三，对非同盟采取相应的关税与非关税举措。俄白哈海关达成同盟后，进一步促进了区域经济的融合发展，还提高了区域发展的协同程度，有助于促进区域经济的发展和壮大，提升这些成员方的综合经济实力。该同盟现阶段面临的主要问题是尚未能建立统一的海关边境，也未能协调好成员方加入世界贸易组织的立场问题，如何提升海关同盟的作用，仍需要成员方之间深度合作。在本书第六章还会专门针对这个组织的协同治理成效进行研究。

3.其他非职能型的海关组织

很多国际经济组织在发展的过程中，逐渐具有广泛的职能领域，包括贸易、经济等多方面，也包括海关的相关制度。这种类型的组织包括东盟、大湄公河次区域、上合组织等。近些年，特别是东盟、上合组织等对"一带一路"协同合作的作用发挥得尤为突出，本书第六章也会对东盟、上合组织等的协同治理成效进行阐述。

（三）海关协同合作主体的变化发展

1.欧洲海关协同合作的兴起

国际海关协同合作的历程基本符合国际经济发展历程。20世纪初，在国际贸易最为活跃的欧洲，出于区域经济协调高速发展的需求，成立了经济协调委员会以及海关事务委员会，从形式到实质都开创了国际海关合作的新纪元。

2.国际组织海关协同合作影响扩大

自20世纪起，得益于世界贸易组织的推动，全球经济一体化的程度不断加深，世界海关组织的发展越来越完善，有国际贸易需求的国家和地区纷纷加入世界海关组织，并且遵循统一的标准要求，建立完善的海关通关流程以及管理模式。世界海关组织的成立，也对国际海关协同产生了促进作用。1999年6月，世界海关组织在布鲁塞尔通过了《关于简化和协调海关制度的国际公约修正案议定书》，它是对《京都公约》的修订，是为了寻求贸易安全和实现贸易便利。该议定书推动了世界海关组织机构的完善和发展，促进了各个国家（地区）海关机构之间的情报交换、合作与研究等。世界海关组织成为各国（地区）海关交流合作、谈判磋商以及良性竞争的国际平台。

3.双边海关国际协同合作加强

在20世纪90年代之后，全球贸易发展迅速，各国（地区）之间的贸易往来越来越密切，在世界贸易组织的影响下，贸易大国之间均已经构建了良好的海关合作关系，彼此之间也具有更加密切的海关协同。在亚洲、拉丁美洲等地区都出现了海关的高层领导人会晤，构建了完善的年度会晤与议事机制，促进了双边海关国际协同的发展，也拓展了全球海关国际协同的领域。

三、中国海关国际协同应运而生

随着"一带一路"倡议的提出，全球治理的作用也随之发挥。全球治理有着多层次的行为体以及非常复杂的结构等，也和全球秩序有着千丝万缕的联系。中国海关的国际合作业务和制度在全球治理的框架下有了很大的改变，从传统职能如归类、预归类、估价和原产地，到多年后的行政互助，均为后来的知识产权边境保护、海关数据交换合作、AEO互认等新的职能和制度变迁打下基础，中国海关国际协同也应运而生。

第四节　"一带一路"背景下中国海关国际协同的制度变迁和创新

20世纪末，西方工商业产生了巨大变革。随着我国的经济实力逐渐提升，国内工商业者也在致力于探索国际市场，但是由于国际贸易的快速发展，各国（地区）之间的贸易纠纷也越来越多。在这一背景条件的影响下，许多西方发达国家均适当调整了本国的税收政策。与此同时，在全球贸易自由化的发展过程中，世界海关组织起到了十分重要的作用。因此，很多国家（地区）设定的关税税率开始有所降低。特别是在2013年"一带一路"倡议提出后，海关国际合作的发展趋势更加明显，在各个国家（地区）所制定的海关协同合作模式中，均包含了知识产权保护以及数据交换等多个方面的内容。此时的海关合作制度再次得到了变迁和完善。换句话说，海关的国际协同制度也发生了质的变化。

一、知识产权海关保护制度

（一）知识产权海关保护的发展轨迹

在20世纪90年代之前，国内知识产权海关保护制度只是海关法或知识产权法领域中的分支，并没有得到快速发展。随后，随着中美两国的交往日益紧密，两个国家之间开展了第一次知识产权谈判，在此基础上两个国家的知识产权海关保护制度不断发展和成熟。为了达到"复关"和"入世"的目的，我国在发展的过程中，主要对《与贸易有关的知识产权协定》（简称《TRIPs协定》）及其法律条款展开了深入的探讨与分析。自中美第一次知识产权谈判开始，与此相关的研究也逐渐深入，其制度可以说是一条"由浅入深，从概述演变到专题，从介绍演变到比较"的发展路径。

（二）知识产权海关保护制度的分析

"有关边境措施的特殊规定"是指知识产权中的海关保护。世界海关组织颁布的《TRIPs协定》认为海关组织应该具有保护知识产权的职能，基于此，海关机构的作用进一步凸显。自从成立了世界海关组织之后，各个国家（地区）的海关也颁布了一系列与此相关的法律法规，并为此提供更多的立法保护，所制定的海关知识产权保护体系与本国（地区）国情相符合。

（三）知识产权海关保护制度研究的发展建议

一是需要更全方位的思考。海关是我国边境执法的主要职能部门，更应该从如何安全和便利的角度对该制度进行研究，从而避免执法风险。

二是需要相应的历史长度。根据相关调研结果，现阶段相关制度的研究从某种程度上来看，均是围绕某一知识产权边境保护制度的相关案例以及实际情况展开。然而，这种研究无法充分证实制度背后潜在的内驱力与利益格局，也无法推测出这一制度在本国（地区）以及国际范围内的运行状态。因此，在研究制度发展的过程中，可以采用历史与国家（地区）对比的方式，归纳整理边境保护法，同时要具有相应的历史广度，从全局的角度对该制度的演变过程进行分析，基于此找出其中存在的发展规律与产生机制，最后明确发展中国家所面临的制度环境以及国际格局，并为其发展提供指导依据。

二、海关数据交换合作

为分享国际贸易供应链保护的有关信息，进一步促进各个国家或地区海关之间展开深度的信息交流合作，世界海关组织于2005年通过了《全球贸易安全与便利标准框架》（简称《标准框架》）。在这一背景下，产生了海关数据交换合作需求，特别是在"一带一路"倡议提出后得到了更多的发展和应用。

（一）海关数据交换合作制度的可行性分析

1.各国（地区）已具备实施电子数据交换的外部大环境

从20世纪末期开始，信息技术发展速度加快，互联网技术也在不断地更新迭代，国际电子商务迅速崛起，对国际商贸的发展产生了极大的促进作用。

2.中国海关已具备实施数据交换的内部条件

自1978年起，我国社会经济发展迅猛，极大地促进了对外贸易的发展。从1988年开始，我国海关的信息化管理步入了崭新的发展阶段。2003年，试点实施了H2000通关系统。2013年"一带一路"倡议提出之后，通关管理系统广泛应用，"电子海关"逐渐趋于完善，在海关系统内实现了跨部门、跨地区联网的数据交换。

2008年，世界海关组织明确提出应构建国际海关网络。其中一项内容是，各国（地区）海关之间为了提高开展国际贸易活动的效率，为经济的发展创造良好的基础，为社会安全以及税收征管提供保障，应进行数据交换。"一带一路"倡议能更好地发挥数据交换优势，助力实现全球贸易安全与便利的目标。

（二）数据交换合作制度的发展策略和完善建议

发展策略：以国家利益以及基本国情为切入点，采取"积极参与、总体规划、分步实施"的策略来满足中国海关开展数据交换的需求。

完善制度的建议：

（1）通过立法的方式让海关机构具有数据交换的权力；

（2）完善海关机构之间交换数据的机制；

（3）明确电子数据交换的基本内容、具体方式；

（4）在多边或双边协议中，对电子数据交换的应用途径进行合理规范；

（5）根据世界海关组织要求统一数据格式，实现数据模式的合理转换。

三、AEO 制度的互认合作

（一）AEO 制度的产生

通过对《标准框架》进行分析发现，其不但促进了各国（地区）海关的互认合作，而且也阐述了 AEO 的宗旨理念。为了实现《标准框架》的要求，在海关与企业之间建立优质的合作关系，促进贸易活动的有序开展，世界海关组织制定了 AEO 管理制度。海关和企业之间达成合作的前提是企业守法可信，海关可以为企业创造更多的通关便利，简化通关流程，促进货物流通，企业根据海关的制度要求操作申报，最后实现共赢的目的。

AEO 制度模式不仅是海关国际合作的一部分，更是"一带一路"倡议提出后协同治理的成果。相关的统计结果表明，2018 年 1—6 月，我国海关对 AEO 高级认证企业平均查验率仅为 0.5%，与一般信用企业相比较，低了83.8% 左右；失信企业的平均查验率则达到了 94.2%。AEO 制度模式如图 3-3所示。

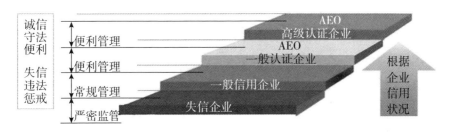

图 3-3　AEO 制度模式

随着中国海关大力推进进出口信用体系，构建以信用为核心的新型海关监管体制，海关将加快 AEO 认证的步伐，积极扶持更多企业提升规范管理水平。通过海关 AEO 认证已经成为广大涉外企业提升市场竞争力的途径之一。

2020 年，我国海关继续深化"放管服"改革，以加强信用监管为着力点，以企为本，由企及物，创新监管理念、监管制度和监管方式。根据企业信用等级实施差别化的信用监管，对诚信守法者"无事不扰，一路绿灯"，对失信违法者"利剑高悬"，使其"寸步难行"，进一步助力做好稳外贸工作。截至2023年年底，我国海关已经与新加坡、欧盟等26个经济体的52个国家（地区）签署AEO互认协议。

（二）AEO制度的分析和发展建议

随着AEO制度的不断发展，海关与企业之间的关系也发生了变化。在当前的时代环境下，应响应现代化海关制度的发展趋势，加大监管体系的改革力度，进一步扩大制度的覆盖范围，以符合更多政府职能转变的要求。

四、自由贸易试验区制度创新及发展

自由贸易试验区的发展是国际协同制度创新最好的体现。我国打造自由贸易试验区就是要努力实现制度创新，在建设自由贸易试验区的过程中设立和完善一些可复制的制度，并将这些制度推广到其他地区。毋庸置疑，海关在其中起到了不可替代的作用。

（一）自由贸易试验区的发展脉络

2013年9月18日，我国设立了中国（上海）自由贸易试验区，它是我国首个自由贸易试验区；2014年4月12日，基于上海自由贸易试验区可复制可推广的经验，国家设立了第二批自由贸易试验区；2017年3月，我国又设立了7个自由贸易试验区；2018年9月，国家批准增设海南全岛为自由贸易试验区；2019年8月7日，国家再增设临港为上海自由贸易试验区的新片区。

自由贸易试验区和海关工作非常密切，在新的历史条件下，中国海关负有推动自由贸易试验区建设的重任。2013年国务院决定成立自由贸易试验区之后，海关总署迅速印发了《关于安全有效监管支持和促进中国（上海）自由贸易试验区建设的若干措施》。

2014—2017年，国务院分两批设立了广东、浙江等10个自由贸易试验区，海关相应出台了25项支持措施，当时的国家质检总局也先后提出了22条支持意见和16项支持措施。这些措施和意见既含有以促进货物贸易便利化为导向的"普惠"型措施，也有突出满足各自贸试验区定位的"量体裁衣"的支持措施。截至2018年年底，海关总署自主推出并已经取得成效的监管创新举措共有893项（原海关监管方面517项，原检验检疫监管方面369项，共同推进的7项）。这些举措取得了较为明显的成效：一是以"放管服"改革为重点的事中监管体系不断完善；二是主动服务自由贸易试验区特色定位；三是深化监管创新打造吸引外资新引擎有新的举措；四是以"互联网＋海关"为抓手的智能化信息化监管方式不断丰富。

（二）自由贸易试验区建设后的制度创新

自由贸易试验区的制度创新理念为"法无禁止即可为（负面清单）、法无授权不可为（正面清单）、法定职责必可为（权力清单）"。

2018年4月，国家质检总局的出入境检验检疫管理职责和队伍划入海关总署。在此基础上，新海关尽快推动关检业务融合，着手组织对现有的800多项海关监管创新措施开展全面梳理，将符合关检融合的制度措施纳入改革继承，形成"二次创新"，在原有基础上再度创新和开放。

如"关税保证保险"是属于我国在建设自由贸易试验区的过程中进行的制度创新，它的创新点在于：如果企业的资信超过了一般信用的水平，就可根据市场价值收取保费，而不收取企业保证金。此制度的创新结果不但能够吸引大量的艺术品来我国参展，也能够促使人民的精神文化生活得到丰富。还有如"汇总征税""自报自缴"等多元化税收担保制度改革，都是自由贸易试验区建设的制度创新成果。

（三）特殊综合保税区和自由贸易港的制度创新

上海洋山特殊综合保税区在2020年5月封关运作，该综合保税区也是我国仅有的特殊综合保税区，建设该综合保税区可以促进海关制度的不断创新并实现管理模式的变革。

海南自由贸易港是我国唯一的自由贸易港。国家在建设海南自由贸易港的过程中，一方面特别重视实现贸易活动和投资活动的自由化与便利化，另一方面还特别强调跨境资金的自由流动以及跨境人员的自由进出。除此之外，国家也对货物运输和数据往来的自由化进行了规定。"一线放开，二线管住"就是自由贸易区的特殊监督制度。

（四）《区域全面经济伙伴关系协定》（RCEP）的产生和发展

RCEP提出的大背景是应对经济全球化带来的挑战。面对经济全球化的一些负面影响，要想在世界经济中立于不败之地并有新发展，就必须加强区域经济合作，为此，部分国家（地区）之间开始实施"零"关税政策，相互开放市场，密切合作关系，寻求合作发展。

2021年11月15日，RCEP正式签署，标志着当前世界上经济规模与范围最大的区域自贸协定诞生。2022年1月1日起，RCEP正式生效。2023年，RCEP对印度尼西亚和菲律宾生效。

RCEP是全面、现代、高质量、互惠的自贸协定，也是当前全球人口最多、经贸规模最大、最具发展潜力的自贸协定。下一步重点任务就是高质量实施RCEP，以更高水平开放促进更深层次改革。

1.用足关税优惠政策，全力促进外贸稳中提质

用好成员方降税承诺，结合各成员方降税承诺和产业特点，优化原材料供应链布局，扩大纺织服装、家具、灯具等传统产品出口。以通信设备、机电产品、新能源汽车及零部件等产品为重点，深度开拓印度尼西亚、马来西亚、日本等市场，做大优势产品市场份额。实施更加积极的进口贸易促进战略，扩大先进技术、重要设备、能源资源等进口规模。

2.用好原产地规则，大力推动区域产业链融合

补短板、锻长板，推动形成更加密切稳定的区域产业链分工合作体系。围绕关键基础材料、核心基础零部件等薄弱环节，以显示面板、存储器、通信芯片作为突破口，通过建立跨国产业合作园区等方式，加强与日本、韩国的创新合作，积极推动制造业从低附加值的下游生产组装向高附加值的中上游芯片设计制造、高端原材料生产升级。继续发挥我国制造业优势、产业集群优势和市场优势，大力发展电子通信设备及其零部件、面板等中高端产品，扩大中间产品和中高端产品出口，推动区域生产链、供应链和价值链的深度融合。

3.用活RCEP便利化措施，打造核心物流枢纽

大力发展国际中转和集散分拨业务。发挥处于日本、韩国与东盟中心交汇处的区位优势、物流保税中心和综合保税区的开放平台优势及RCEP背对背原产地证书制度优势，发展RCEP揽货、中转分拨、进出口集拼配送等"一站式"业务，发展面向RCEP国家的中转集拼业务，打造RCEP货物中转集散中心。

支持发展跨境物流服务。全面实施海关预裁定制度，大力推广原产地自主声明制度，便利原产地规则签证，加强通关时效保障，加强与RCEP各成员在农产品、鲜活冷链类产品等领域的检验检疫合作，进一步提高RCEP成员进口航班载运率，支持扩大水果、肉类等优质农畜产品进口。

全力促进跨境电商发展。提高RCEP成员快件货物办理通关手续优先级别，鼓励传统外贸企业、跨境电商和物流企业等参与面向RCEP成员的海外仓建设，鼓励企业自建、收购或租赁覆盖RCEP重点国家（地区）、重点市场的跨境电商出口海外仓、公共海外仓、海外服务中心等。

4.坚持底线思维，保障产业链、供应链安全

深化与日本、韩国的集成电路产业内合作，保障重点产业链安全稳定。我国集成电路贸易严重依赖进口，在技术封锁和激烈竞争的两难困境下，鼓励企业在RCEP成员中积极布局锂电池、芯片等原料供应网络，建立更加深刻的产业联系，共同应对多重挑战。

提升中低端产业中间品供应能力，应对劳动密集型产业转移风险。对于技术含量不高、替代性较强的中低端产业，结合东盟大型制造基地对零配件

等产品的需求，与东南亚国家进行产业链垂直分工协作，实现东南亚国家成本低与我国产业门类齐全及配套完善的优势互补，在RCEP成员中提高具有核心竞争力的中间品供应。

5.推进RCEP服务中心建设，强化合规引导和配套服务

推进RCEP服务中心建设，强化企业贸易受阻援助。支持建设RCEP服务中心，加大AEO企业及经核准出口商培育力度，用好用足"关税技术实训中心"，为企业提供政策信息和宣传培训，帮助企业真正"吃透"RCEP贸易规则。

第 四 章

"一带一路"背景下中国海关
国际协同治理现状及面临的挑战

2013年"一带一路"倡议提出后，海关国际合作进入一个前所未有的阶段，在国际合作上迎来了新的发展契机。随着国际贸易的深度发展，各经济实体联系日益密切，各国（地区）外贸需求要求海关加强国际协同，各个国家或地区的海关不断对通关手续进行简化，使得贸易更加便利。在完成 AEO 互认以后，为了确保贸易安全，更需要进行监管结果互认等安全兜底手段。与此同时，国际贸易发展的过程中会出现国际金融危机，除此之外还存在假冒侵权的问题、恐怖主义问题、跨境运输固体废物的问题以及跨国犯罪集团的问题等。各国海关在安全的前提下其协同合作应进一步加强，以更大力度开展行政交流与执法互助，形成海关正面监管合力，确保贸易安全。

第一节　中国海关与"一带一路"共建国家（地区）海关协同治理现状

我国在2014—2019年累计的贸易值达到了44万亿元，年均增长率达到了6.1%，已经成为"一带一路"共建国家（地区）最大的贸易伙伴。2019年，我国与共建国家（地区）所产生的进出口总值超过了9.27万亿元，增长率达到了10.8%，相比于外贸整体增速7.4%的数值要更高。在2020年新冠疫情突发，各国经济普遍负增长的背景下，中国对"一带一路"共建国家（地区）的贸易值仍增长了1%。

中国海关为了促进与"一带一路"共建国家（地区）的海关协同，始终深入贯彻落实监管部门的各项指导方针，并且促进与各国（地区）之间的职能协同，提高国门安全力度，促进贸易便利化水平的提升。例如，2019年，中国海关签署了198份海关检验检疫协同合作文件，在这些文件之中，与"一带一路"共建国家（地区）相关的文件达到了89份；截至2023年年底，中国海关已经与26个经济体的52个国家（地区）取得 AEO 互认。可以看出，中国海关一直在努力推动"一带一路"建设。

一、中国海关国际协同治理中面临的风险

习近平总书记在2014年中央国家安全委员会第一次会议上首次提出"总体国家安全观",其内涵为包括国土、经济、政治、太空、社会、军事、资源、科技生态、极地、文化以及深海等为一体的国家安全体系。

中国海关在"一带一路"建设中的地位不言而喻,其涉及的安全风险也必须把握。2018年4月,关检合并之后,海关监管的职责更多,监管的范围更广,监管的链条更长。"洋垃圾"、毒品、武器弹药等走私活动时有发生,埃博拉病毒、寨卡病毒、非洲猪瘟、疯牛病等境外疫情高发多发,导致进出口食品和商品质量安全事件时有发生。此外海关还肩负着制定和实施技术性贸易措施的工作职能,并将在政治、经济、文化、科技、社会、生态、资源、生物等各个方面维护国家核心利益及安全,尤其在生物安全方面,海关肩负的职责更重。

中国海关在不断拓展监管深度和广度、提高监管质量和水平、全面履行职责、做好国家"把门人"的同时,还要增强安全意识,运用安全思维来有效防范化解各种安全风险。

二、中国海关与相关区域海关协同治理的现状

(一)中日韩海关协同现状和分析

从总体上来看,中日韩的海关协同形式主要体现为三方海关领导人会议。基于此,也成立了一些专门的工作组,例如AEO工作组、知识产权保护工作组、海关手续工作组、海关执法和情报工作组。此外,三方海关部门在人力资源等方面也积极开展了协同合作和定期会晤。

协同开始:2017年12月,第六次中日韩三方海关领导人会议成功举行,与会人员就本地区的各种问题交换意见。

协同行为:在2011年举行的第四次会议上,三方海关领导人确认成立了海关手续工作组,不仅修订了2009年在北京签署的《中日韩海关合作行动计

划》，还签署了经修订的《中韩海关关于"经认证的经营者"互认安排行动计划》，中日、中韩海关分别签署了《关于人力资源开发的合作备忘录》等，并发布了对外联合新闻公告。

协同成果：从区域协同合作发展方面来看，在经济全球化与区域经济一体化不断发展的过程中，中日韩三方海关领导人会议的协同机制是三国海关谋求合作、争取共赢的重要平台。回顾第六次中日韩三方海关领导人会议的协同内容，其中就"一带一路"、奥运会保障与反恐、执法与情报、AEO互认、《贸易便利化协定》实施、无纸化通关、跨境电子商务、与商界的沟通与合作等议题充分交换意见并达成共识。通过进一步的协同，各领域协同治理也取得了相应的成效。例如，知识产权保护领域的协同治理成效是，在2018年6月中日韩三方海关知识产权工作组第七次会议中落实了《中日韩三国海关保护知识产权行动计划》（即《零假冒计划》）文件，加深了中日韩三方海关在知识产权执法领域的相互了解，推进了三方海关知识产权执法合作。执法合作领域的协同治理成效是，在2018年5月第七次中日韩海关执法与情报工作组的会议中，三方海关代表围绕多项内容达成了共识，其中包括打击固体废物、濒危物种走私以及查发毒品等，并且共同构建了专业的三方数据和情报交换机制，特别强调交换涉税案件价格信息。AEO互认领域的协同治理成效是，2013年6月中韩两国在商议后联合签订了《中华人民共和国海关总署和大韩民国关税厅关于中华人民共和国海关企业分类管理制度与大韩民国进出口安全管理优秀认证企业制度的互认安排》，在2014年4月1日正式实施了这一互认安排。2018年10月，中国和日本经过商议后联合签订了《中华人民共和国海关和日本国海关关于中国海关企业信用管理制度和日本海关"经认证的经营者"制度互认的安排》。

协同过程的持续改进：中日韩海关改进协同治理过程的重要举措是组织召开专门的海关手续工作组筹备会议，并且在会议现场进行观摩，三方强化了对彼此海关手续流程的认知与掌握，经过友好会晤之后，联合签署了《海关手续改进工作计划》，由此一来，也确立了海关手续工作组的任务目标及发展方向。

协同成效：人力资源发展领域的协同治理成效在于中韩海关签署了《中华人民共和国海关总署和韩国关税厅关于人力资源开发的合作备忘录》，中日海关签署了《中华人民共和国海关总署和日本国财务省关税局关于人力资源开发的合作备忘录》。

（二）中国和东盟海关的协同现状和分析

协同动机：为落实2002年中国—东盟领导人会议上共同签署的《中华人民共和国与东南亚国家联盟全面经济合作框架协议》，中国和东盟各国在2003年就正式实施了海关领域的协同合作。

协同行为：在双方的共同努力下，中国—东盟海关之间构建了完善的署级磋商机制以及专家级的海关协调委员会磋商机制（CCC）；商签了《中国—东盟海关合作备忘录》；2011年6月，在缅甸的第九次中国—东盟海关署长磋商会上，东盟各国海关代表与中国海关联合签订了备忘录。这一举措不但为中国—东盟海关合作创造了有利条件，提供了立法保障，而且也对彼此之间的贸易发展产生了积极影响。2003年9月，在举行的第二次磋商会上提出海关协同合作的7个优先领域：第一，明确货物的原产地；第二，对海关手续进行简化与协调处理，提高货物的通关效率；第三，提高海关的执法合作效力，尤其是要严惩违法行为；第四，参考国际先进经验与海关公约条例，如《京都公约》等，实现海关情报与信息资源的共享；第五，充分发挥电子信息与电子海关的作用，促进贸易便利化；第六，开发更多的人力资源，提高综合治理能力；第七，提升海关流程与法律法规的公开性与透明性。在此基础上，重点推动能力建设领域的协同合作。2011—2023年，我国海关总署举行了6期培训班（2期/年），为越南、柬埔寨、老挝以及缅甸这几个国家的海关中高级管理者提供业务培训（4~5人/国），培训内容比较多，涉及多个领域，主要包含了海关改革与现代化、风险管理、海关估价以及非侵入式检查技术等。

协同成果：据中国海关总署2020年9月7日发布的统计数据，2020年1—

8月我国与东盟贸易总值达到了2.93万亿元，同比增长了7%，贸易总值达到我国外贸总量的14.6%；对东盟贸易顺差3443.4亿元，同比增长了6.2%；自东盟进口1.29万亿元，同比增长了7.1%；我国对东盟出口高达1.64万亿元，同比增长了6.9%。

三、其他协同治理领域的情况

在协同治理发展的过程中，我国将"平等协商、互利共赢"作为指导依据，与相关国家编制双边合作规划，签订相应的"一带一路"合作谅解备忘录，制定有效的双边工作机制，促进"一带一路"倡议的有序开展，携手打造合作示范项目，这有助于提高双边合作水平，也有助于监测"一带一路"建设成效。

在取得一定协同成效的基础上，中国还将继续发挥"一带一路"共建国家（地区）的区域、次区域的相关国际论坛、博鳌亚洲论坛、中国—东盟博览会、中国国际投资贸易洽谈会、欧亚经济论坛、中国—亚欧博览会、中阿博览会、中国—俄罗斯博览会等平台的建设性作用。2018年11月，中国在上海举办了首届中国国际进口博览会（简称进博会），首届进博会吸引了大部分"一带一路"共建国家（地区）参加，而中国海关更是在协同机制上保障了进博会的顺利进行。

第二节 中国海关国际协同治理面临的挑战及应对措施

一、顶层战略需要进一步谋划，协同合作新理念需要落地生根

从国际来看，"美国海关和边境保护局2020—2025战略""俄罗斯海关2030年前发展战略"均提出了加强国际合作的战略目标和具体举措，因此，制定中国海关国际合作中长期发展战略迫在眉睫。从自身来看，推动国际合

作新理念更快更好落地，需要完善的海关国际协同发展战略作为支撑。"一带一路"倡议提出后，海关总署制定了《推进"一带一路"海关国际合作指导意见》《推进"一带一路"沿线大通关合作行动计划》等意见方案，但在战略层面仍然需要进一步加强前瞻性顶层设计，以便更好推动协同合作新理念落地生根，推进实施中国海关整体发展战略。

二、加强国门安全的保护意识，协同合作机制要保障

针对前面分析的国际协同面临的挑战，国门安全保护的边界已不再局限于口岸的物理界限，而是成为安全大格局的一部分。地缘政治和安全形势复杂，风险因素更加多样，海关需要应对政治、生态、健康、生物、食品、公共卫生等各领域安全风险。传统和非传统安全威胁因素不断增多，国门安全已不仅是海关的职责，还需要多层级、多部门、跨领域甚至跨国境的协同合作和良好的制度机制保障。

三、加大跨领域、跨部门、跨平台的整合，深化业务协同

协同治理是提升治理能力非常重要的一个方面。一是线上线下协同。适应线上政务服务特点，调整线下服务体系、优化流程，使线上和线下融合。二是跨部门协同。海关发挥牵头作用，深化和其他部门的横向互联，完善口岸安全联合防控体制机制，推动口岸工作一体化建设（从传统意义上强调口岸各部门各司其职、配合协作，向国家口岸规划、部门职能整体设计、资源整合过渡）。三是跨业务协同。"单一窗口"有效提升了企业在报关审批过程中的部门协同能力，但海关与商务、财政、税务、发改委等部门在政策制定、信息沟通、执法等方面的合作需要进一步加强。

四、协同机制需要进一步优化，力争可复制可推广

目前关际协同不平衡的问题比较突出，全国不少直属海关在关际合作方面仍是空白，大部分关际合作项目由东部沿海地区海关实施，中西部地区海

关参与程度偏低。在合作对象层面，中国与发达国家海关等部门的国际合作较多，与发展中国家和欠发达地区的合作较少，与其他国家（地区）海关边境管理部门国际合作的广度和深度需要提升；在协同合作机制方面，也迫切需要一个可复制可推广的模型作为参照标准。

（一）自由贸易试验区的完善，加强对外全面协同

2007年，党的十七大明确将建设自由贸易试验区列为一项重要的国家战略举措；2012年，党的十八大明确强调了应深入促进自由贸易试验区战略的贯彻落实；党的十八届三中全会又提出要将周边国家作为基础，不断推进自由贸易试验区的建设，构建起高标准的自由贸易试验区网络。

2015年12月，我国正式出台了《关于加快实施自由贸易区战略的若干意见》，文件明确规定应积极促进高标准自由贸易试验区建设。应该说，当时中国已经在建构以立足周边、辐射"一带一路"和面向全球的自由贸易区网络。2017年3月，我国相关部门出台了《全面深化中国（上海）自由贸易试验区改革开放方案》，其中明文规定，率先建立同国际投资和贸易通行规则相衔接的制度体系，把自贸试验区建设成为投资贸易自由、规则开放透明、监管公平高效、营商环境便利的国际高标准自由贸易园区。在2018年11月举办的首届进博会上，习近平主席提出，为了更好发挥上海等地区在对外开放中的重要作用，应在上海自由贸易试验区增设相应数量的新片区，旨在促进上海贸易自由化与投资业务的顺利开展，致力于寻求更多的创新突破，为其他地区的发展积累更加丰富的经验，并起到一定的参考作用。2019年8月，国务院印发新的《自由贸易试验区总体方案》，分别在我国6个省区新设立了自由贸易试验区，这是新时代进一步推进改革开放的战略举措。

（二）"单一窗口"的全面建成，加强对内全面协同

2015年3月多部门联合发布的《愿景与行动》明确提出协同合作的重点内容，包含"政策沟通、设施联通、贸易畅通、资金融通、民心相通"五个

方面。基于贸易畅通可知，其中提到了"改进边境口岸通关设施水平，深入建设边境口岸'单一窗口'，提高通关能力水平，减少通关成本的支出"。由此可以看出，在顶层设计领域，政府机关对建设"单一窗口"予以了高度重视。

"单一窗口"全面覆盖贸易管理与口岸执法工作，可以全面贯通口岸物流，达到信息共享与资源互换的目的，致力于拓宽服务贸易范围，促进自由贸易试验区创新业务的深入开展，有助于深化和完善区域通关以及物流应用功能，实现互联互通的目标，致力于在国际贸易网络的建设中，发展成重要的枢纽节点。2018年，"单一窗口"已在全国范围内上线，但是至今离全面建成的目标还有一点差距，迫切需要相关部门和合作单位的全面协同。

（三）AEO互认的扩大和提速，加强内外协同

《标准框架》指出，要积极鼓励和倡导各国（地区）海关之间开展协同合作与互认监管结果，也阐述了AEO的相关理念。根据国际通行规则，海关对企业的信用水平、守法情况和安全管理程度进行认证，若企业满足认证要求，那么企业可以享受相应的通关优惠便利政策。在完成互认操作后，在互认国家与地区可以通关放行AEO企业的货物，企业可以享有一定的便利政策，减少各项贸易成本的支出，提高在国际市场上的综合竞争力。根据世界海关组织的定义，对于AEO制度而言，其所表示的是海关与企业共同建立合作伙伴关系，并以企业守法可信作为前提条件，海关可以为企业通关创造更多的便利条件，简化海关流程手续，提高货物流通效率，实现双赢的协同成效。

2018年10月26日，中国海关与日本关税局正式签订了《中华人民共和国海关和日本国海关关于中国海关企业信用管理制度和日本海关"经认证的经营者"制度互认的安排》。截至2023年年底，中国已与新加坡等52个国家（地区）签署AEO互认安排，其中共建"一带一路"国家（地区）有35个，互认协议签署数量和互认国家（地区）数量保持全球"双第一"。

随着高质量共建"一带一路"不断推进，会有越来越多的国家和地区与中国进行 AEO 互认，因此需要进一步扩大协同范围，提升协同效率，才能营造更加便捷安全的通关环境。

五、外事资源需要进一步整合，协同合作应当更加紧密

在外事资源方面，中国海关需要更多地拓展国际合作能力，运用行政互助协议、TBT（技术性贸易壁垒协定）、SPS（卫生与植物卫生措施协定）、《TRIPs协定》等开展国际合作。在人力资源方面，需要进一步扩大海外布点，对国际合作人才的发现、利用、培养和规划还需要进一步加强。

六、海关职能需要进一步强化，协同方式需要更加多样

从当前海关国际合作的类型、方式、内容上来看，检验检疫职能领域尚未得到充分挖掘。新冠疫情发生以来，海关口岸管理职能得到了充分彰显，但检验检疫职能实现方式主要还是依靠中国海关自身，在加强口岸疫情防控国际协同方面还有较大的提升空间，需要继续丰富同境外海关检验检疫等部门、相关国际组织在信息、技术和执法等方面的国际协同方式，通过境内外协作合力筑牢口岸检疫防线，推进完善全球公共卫生应急管理体系。

第 五 章

中国海关协同治理通用模型的构建

本章聚焦于协同治理理论，将对以往收集到的资料加以整理并完善，总结出协同治理一般模型，并对其各要素进行分类解析，同时简单说明其内在联系及各要素在模型中的角色定位，为构建海关协同治理的优化模型搭建平台。

第一节　协同治理的一般模型综述

一、协同治理的一般模型分析和比较

协同治理有着很多不同的模型，如公私协力运作模型、六维协同模型、SFIC模型以及Bryson模型等。通过文献查阅和比较可以得出结论：Bryson模型侧重于部门间协同，六维协同模型侧重于公共服务领域，公私协力运作模型侧重于公共部门和私营部门的协同，而本书需要构建的是具有较强普适价值的国家海关间的协同，因此本书将视线聚焦到SFIC模型上。

Ansell和Gash提出的SFIC模型，是基于他们对大量来自不同国家（地区）案例展开的"连续近似分析"，他们认为SFIC模型包含了几个不同的维度，分别是协同过程维度、起始条件维度、制度设计维度以及催化领导维度，即SFIC模型。其特点比较符合我们所需要的具有较为概括性的普适价值，具有对协同过程本身充分的关注，并与海关的协同模式有较高的契合度，因此本书将SFIC模型作为海关协同治理的基础模型。SFIC模型与许多协同治理模型一样，主要由以下几个部分组成，包括协同过程维度、起始条件维度、制度设计维度以及催化领导维度，而各个维度又可以进一步细化为多个不同的变量。SFIC模型如图5-1所示。

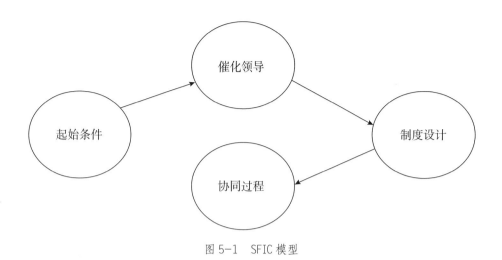

图 5-1　SFIC 模型

（一）起始条件

起始条件可以理解为各方在协同之前所面临的处境（包括背景或形势，也有面临的意识形态安全方面的挑战）。其所具有的关键变量主要有以下几个：各方权力/资源的不平等性、各方进行协同的动机以及各方之前的合作/纠纷史，当然也包含第四章所说的意识形态安全。

首先是各方权力/资源的不平等性。在合作期间，由于各方掌握的资源不同，地位就有所不同，这对于协同治理的双方来讲是一种体制上的不平等，但是由于其客观性，可以认为其属于系统不可调节误差，只能基于一种大致的平等地位或者力求通过一定的利益让步实现其资源与收益的平衡，从而实现相对平等。

其次是协同动机。对其动机产生影响的因素比较多，归根结底，主要体现在四个方面：其一，参与度，也就是说，权力/资源的不平等性会对行为者的参与协同意愿产生影响；其二，各个行为者对协同产生的预期效果是一方面因素；其三，解决问题的方式也会影响各方的参与意愿；其四，各行为者的协同参与效果、各方之间的依赖程度也会产生一定的影响，若是各方之间具有较高的相互依赖度，并且意识到只有相互合作才可以取得成功，则会更加倾向于协同。

最后是合作/纠纷史。各参与方之前曾出现过合作或者纠纷，从某种程度上来看，也会对协同的进展产生影响。通常情况下，若是各参与方之前的合作取得了成功，彼此之间将会具有良好的信任基础，进而对协同进程产生正面影响。如果合作较为不愉快或者不熟悉协同对象，那么协同便较难开展。

（二）催化领导

沟通虽然不一定需要协助也可以取得成功，但是催化领导在培训各方协同方面具有十分重要的作用，而且也得到了社会各界的广泛认可。特别是在面临以下问题时，包括协同动机差、曾发生过纠纷以及不具有平等的权力资源地位等，其所产生的作用更为突出。第一，有效的领导力最为关键的是制定明确的行为准则、构建信任基础以及实现共同收益等。在协同过程中，有效的领导力主要体现为适当管理协同过程，保持良好的"技术权威性"，保证协同过程所产生的决定不仅要具有一定的说服力，而且也要得到各方的广泛认可。第二，在协同过程中，有效的领导力也有利于构建平衡的权力关系，从而实现共赢的目标。

（三）制度设计

制度设计是与协同程序正当性相关的重要内容，主要包括协同的行为准则以及基本礼节等多个方面。学术领域在研究的过程中，已经对此达成了共识，并得出了统一的结论。首先，针对制度设计而言，最为关键的环节是进入协同程序的途径。其次，应设计清晰合理的行为准则，明确各参与方的职责与任务，保证各方得到的机会都是平等的，从而保障程序的正当性。

另外，学术界还有一些分歧。例如，在做出最终的决定时，需要得到所有协同方的同意吗？针对这一问题，有部分学者指出必须实现一致同意，因为只有获得所有协同方的一致同意，才有助于增进不同参与方之间的合作。但也有部分学者指出不需要得到所有协同方的同意，因为这样可能会出现"最小公分母式"的非理性结果，还有可能造成决策僵局。又如，是否需要设定时间节点？有部分学者指出应该设定时间节点，只有这样才可以避免持续处于一个协同过程之中。但还有部分学者指出不应该设定时间节点，原因是设置时间节点会导致讨论的深度与范围受到限制。

（四）协同过程

Ansell 与 Gash 认为，协同是一个环形的过程，在这个环形的过程之中，每一个阶段都是相互作用的。笔者通过调查研究，将这一协同过程简化为五个部分，即面对面对话、建立信任、阶段性成果、投入热情以及达成目标共识。

1.面对面对话

面对面对话区别于以共识为导向的协同过程，其所产生的深度沟通效果，会使许多障碍得以消除，并达到共赢的目的。但需要注意的是，面对面对话并非一种充分条件，而是不可缺少的必要条件。

2.建立信任

在协同治理的初期阶段，各参与方之间不具有良好的信任基础，这一现象也是十分普遍的，而有过合作背景的双方更容易相互信任。所以，协同并非仅是一种沟通过程，也是各参与方之间建立相互信任的过程。

3.阶段性成果

若是协同具有明确的优势与目标，在协同期间得到了许多阶段性成果，那么这些阶段性成果会进而促进各方之间建立良好的信任关系，从而提升对整个过程的投入程度，最后有利于目标的实现。

4.投入热情

在协同过程中，各参与方的投入热情程度如何，将会对协同是否取得成功产生直接影响。许多组织参与协同过程，其目的仅是履行自身的法律义务，保证自身提出的建议得到重视，然而，投入热情主要是为了让不同的参与方坚信合作共赢、坚持诚信沟通，如此一来才有助于最优理想政策的制定。此外，在协同的过程中，有部分参与者也掌握了决策权。

5.达成目标共识

随着协同过程的不断推进，各参与方应结合具体的目标要求达成一些方面的共识，这对目标的实现具有重要的影响。

二、协同优势和理论概述

协同优势理论是由经济学领域的学者提出并研究的，最早也被运用于商业领域之中。1994年，Kanter对协同优势做出了全面而具体的定义。他认为协同优势理论的含义就是不同的企业在合作理念的指导下，与其他企业共同构建战略联盟之后，就会具有一定的特殊优势。

三、协同治理一般模型的弊端

SFIC模型虽然比较适合海关的国际合作以及协同治理，但其中也有一些需要完善的地方。

首先，没有对外部环境和协同治理之间所具有的相互影响关系进行充分考虑。SFIC模型并未涵盖外部环境的相关因素，究其原因，该模型是学者Ansell等基于研究文献而建立的，研究文献基本上没有对二者之间的关系进行研究与分析。然而，这并不表示二者之间是没有关系的。Ansell等在其之后的研究中，就已经对此进行了深入的探讨，并且在发表的文章中对此进行了详细阐述。

其次，所描述的协同过程太过简单，很难解决"线性结构"的缺陷问题。针对这一问题，不同的专家学者提出了不同的观点，例如学者Ansell等在研究之中指出，协同过程并不是简单的线性过程，而是由多个部分组成的环形过程。在此过程中，Ansell等将制度设计与催化领导视为促进协同过程发展的重要变量。从某种程度上来看，此种设定是比较合理的，却也有许多不足之处，主要体现在以下几个方面：第一，协同过程的结构是环形，从形式上来看解决了线性结构存在的弊端问题，然而，若是从其中一环作为起始点，那么整体结构仍呈现为线性状态；第二，无论是环形的结构还是线性的结构，因为实践条件不同，难以针对协同过程展开客观的描述；第三，在整个协同的过程之中，建立信任、投入热情、达成目标共识往往很难单独成为其中的一环，但与制度设计和催化领导相同的是，它们均可以对协同过程起到一定的促进作用。

再次，协同治理过程往往不能穷尽所有重要的因素。第一，SFIC模型之中包含的变量不含有效参与变量，该模型只从制度建设的维度来探讨参与的开放性。然而就协同治理而言，只谈参与的开放性并不充分，在权力/资源层面，各参与方之间并不具有平等的地位，即便各方有机会参与到协同治理过程中，各自对协同过程与结果的影响仍存在许多的差异。尤其是在协同治理过程中，除了政府机关之外，对于其他参与方而言，若是不具有充足的制度保障，极易面临"跑龙套"或者是"打酱油"的局面。第二，SFIC模型没有充分体现出知识的重要性，只提出了"达成共识"，而且"达成共识"也不属于该模式的变量。

最后，没有涉及对协同治理成果的研究。在一般模型中，协同成果主要体现于示意图之中，缺少详细阐述。实际上，协同成果的表现形式多种多样，并非只是完成某一个目标。

通过对协同优势理论以及相关文献进行对比分析，适当改进了SFIC模型之后，学者田培杰又较为全面地研究了国外与此相关的研究成果，并且从理论层面出发，建立了比较完善的理论研究框架与分析模型，得出协同治理的综合模型，本书也将采用其模型理念，在此基础上加入一些新要素，使得协同治理模式形成闭环。

第二节　协同治理的海关通用模型构建

一、协同治理海关通用模型框架的构建思路

SFIC模型与许多协同治理模型存在共同点，均是由以下几个部分组成的，包括起始条件、制度设计、催化领导以及协同过程，各个环节中也包

含了一些关键变量。在上一节分析中可以看出，SFIC模型具有许多方面的不足，主要体现为缺少闭环、不具有全面的分析因素、协同过程过于简单等。

针对以上不足，本书着手构建通用模型，首先解决模型要素的完整性和框架连贯性问题。

（一）针对缺乏外部环境的要素问题

在协同治理中，可以将外部环境作为协同是否开始的决定性条件。一般模型并未将外部环境作为单列的要素，或者说，影响协同治理的一部分外部因素没有被整合为完整且独立的外部环境要素，而是杂糅在了模型的其他要素中。

在处理外部环境和协同治理之间的相互关系时，要了解协同治理在受到外部环境影响时是怎样表现出来的，找出影响协同治理的各种外部环境因素等。

通过对以上问题进行分析，下文将把外部环境单列为协同治理的模型要素之一来进行阐述。

（二）针对缺少闭环及协同过程过度简化的问题

协同的过程是一个多元的、复杂的过程，单纯的线性结构中过程与结果往往互相分离，并且具有单一的指向性，而协同过程中的协同成果会影响外部环境，进而影响新的行为选择，在这种互相反馈的结构下，为了摆脱其线性结构的束缚，环形结构更为合适。

（三）针对缺乏有效参与的分析

有效参与在协同过程中可视为协同引擎，有效的参与行为是协同的巨大推动力，这里的有效参与将与协同行为相区分，例如一些机构内部的调整本身也可以看作是为了协同进程而做出的有效参与。

（四）针对缺乏协同成果的分析

协同成果可以作为新一轮协同的推动力，影响新的外部环境，因此，分析协同成果是至关重要的。

二、海关协同治理框架的要素构建解析

该模型将协同治理放在一个具体的环境中，主要由经济环境、法律环境、政治环境以及社会环境等组成。以上环境因素能够对协同治理是否可以顺利开展产生影响，除此之外，也会对政府与其他各方之间的互动关系产生影响，同时也会导致成员结构发生变更，产生新的成果。

（一）外部环境

为了使共同的问题得到有效解决，各方选择结合在一起，共同构成了一个协同团体。在该团体中，各参与方的协同过程以及互动关系均具有一定的复杂性。外部环境指的是协同治理所处的环境，其中包含了一切可以对议题产生影响，或是受到议题影响的相关因素以及利益相关者。

外部环境所包含的内容比较广泛，主要涉及一个国家或政府部门的发展实力、政策规章、传统方法处理问题积累的经验教训以及全球化等。

外部环境要素可以体现为以下四点（如图5-2所示）。

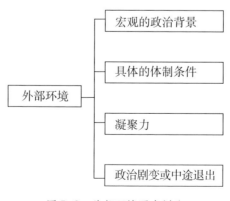

图 5-2　外部环境要素划分

第一，外部环境能够对协同治理中政府与其他参与方之间的关系产生影响。这部分多属于宏观层面的政治背景。

第二，外部环境一定程度上能够决定协同治理是否能实现，主要体现在政策、法律、规章、机制方面，多属于较为具体的体制条件。在研究中发现，作为外部环境的体制条件也有优劣之分，例如对于一些在协同开始前就已经存在的政策规章很自然地归入优势体制条件，但也会导致由于协同开展的需要而新建的政策规章被忽视。

政策规章制度的要素归属划分如图5-3所示。

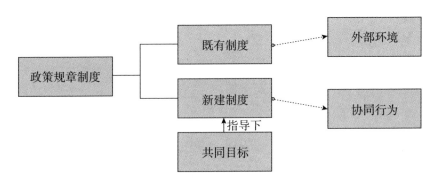

图 5-3　政策规章制度的要素归属划分

第三，外部环境能够影响协同目标的达成，主要涉及参与协同者的个人能力和各协同参与团体之间的凝聚力。

第四，外部环境的不断改变会引起协同团体中的成员结构改变，主要可以分为两种情况。其一，指一些政治剧变或是迫使民族立场发生改变的一些重大不可预知事件造成协同参与方的变动；其二，指协同参与方由于利益的达成或是对前景无望造成的中途退出，这种结构改变往往不可逆转，也是协同治理尽量要避免的。

虽然协同治理可以被外部环境所影响，但是参与协同治理的主体不是只能被动地接受这些影响，而是能够凭着自身所制定的策略对外部环境产生相应的作用。换言之，外部环境与协同治理之间是相互影响的，只是外部环境对协同治理的影响（或者说正影响）更为直接。

（二）协同动因

基于SFIC模型可知，协同动因可以理解为"起始条件"，采用"起始条件"对开始协同行为之前各参与方的实际状况进行阐述，可能存在表述不够精准的问题，原因在于，从内容维度来讲，"起始条件"的范围比较广。所以，把"起始条件"换成"协同动因"更为准确，后者指的是可以实现协同治理的重要因素。协同动因的要素划分如图5-4所示。

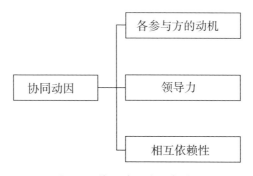

图 5-4　协同动因的要素划分

第一，各参与方的动机。这方面主要是两点：

（1）机制动机。是否已经出现了必须通过协同治理才能实现更大利益的情况。这一点其实很好理解，当解决问题需要进行协同之时就意味着资源共享，但同时也意味着收益共享。如果一个组织在既有资源条件下，仅凭一己之力无法获取更大的收益（这种收益可以是显性的，如经济效益或人道援助，也可以是隐性的，如先进经验或友好的外交政策），那么此时该组织出于扩大利益的考虑，可以选择协同治理。

（2）利益动机。第一，协同治理能够使各方的资源得到充分整合，进而实现价值最大化的目标。第二，协同治理能够合理界定公共问题，提出的解决方案与政策规定也可以得到广泛认可。第三，协同治理能够促进各部门之间的经验共享与借鉴学习，并对各部门的发展产生一定的积极影响。第四，在政策执行期间，协同治理可以合理划分职责任务，实现各方资源与特长的有效整合，从而使执行质量与执行效率得到显著提升。

第二，领导力。即各协同参与主体的负责人在其自身组织内部的号召力。领导力的表现可以分为以下两种：

（1）在没有进行协同行为前，领导力体现为通过协同方式来解决存在的问题和承担因为协同治理活动而造成的一系列不确定和高成本后果。

（2）在实施协同过程时，领导力是指领导者个人具有的一种"催化能力"。如果协同参与方的数量多，而且这些协同参与方存在一定程度的利益冲突，那么起决定性作用的就是政府官员或者相关的领导者。这是因为，若协同参与方存在一定程度的利益冲突时，他们的利益诉求不同，就需要政府机关或者相关的领导者保持一个比较中立的态度，才能获得协同参与方的信赖。如果协同参与方的数量少或者协同参与方之间并没有巨大的利益冲突，那么起决定性作用的就是社会组织的领导者。如果协同参与方都是政府，那么掌握核心话语权的政府领导人为了体现出其领导角色，实现领导力，将可能放弃将某种特定意见或解决方案作为最优选择，以公平对待各方不同的利益诉求，从而降低其政治敏感性。

第三，相互依赖性。协同治理的前提条件是一个行为人借助自身的资源力量不能完成某一目标。换言之，为了可以达成某一目标，几个行为人需要对其他行为人拥有的资源产生依赖。

假设不同的参与方认识到他们之间存在较强的依赖关系，那么这些不同的参与方就会积极采用协同治理的方式来处理他们面临的问题，这些问题主要体现在不均衡的权力/资源分配、之前发生过冲突矛盾以及缺少相互信任等多个方面。

（三）协同引擎

协同过程由两个不同的部分组成，一个是协同引擎，另一个是协同行为。协同引擎可以推动协同行为的发生，这个过程包含了三个不同的因素，分别是有效参与、思想共识以及协同能力（如图5-5所示）。

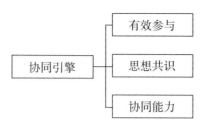

图 5-5　协同引擎的要素划分

第一，有效参与。有效参与虽然具有许多的优势特征，然而，在协同治理的过程中，若想实现各方的有效参与，并不是一件简单的事情。有效参与需要满足这些必要条件：协同各参与方之间建立相互信任关系，政府机关不独自决策而是向其他各方授予决策的权力。

从深层次来看，"协同关系"象征着真挚的沟通交流，各参与方之间必须做到坦诚相待，认真倾听彼此的心声，共同努力解决所面临的问题。"信任"表示所有参与方的身份均不是掌控者。"权力共享"则表示各方均应为实现最后的目标而付出努力。

第二，思想共识。思想共识重点突出了各方主观意识层面所拥有的共识。有效参与会提升各方获得思想共识的概率。如果各方之间取得了思想共识，往往也能对参与过程的顺利开展起到促进作用。思想共识的组成因子主要有三个，即相互信任、利益平衡、共同目标。这是基础，也是最重要的一个条件，双方或多方海关之间必须相互信任，在信任的基础上制定共同目标，或者基于共同目标而建立信任，然后寻求利益平衡点。

绝对的相互信任只是一种协同治理的理想状态。在协同期间，那些阶段性的成果往往能对协同各方之间的信任起到巩固的作用。

第三，协同能力。基于协同治理的定义可知，各参与方采取协同治理的主要理由是，采用协同治理的方式可以实现凭着个人的能力不能完成的目标。基于此，协同治理的各参与方必须加强彼此之间的合作，促进协同团体产生新的动力，最终实现协同"1+1>2"的目标。协同能力主要包含以下几个方面。

（1）机制设计。从内容层面来看，机制设计主要包含非正式内容与正式内容，例如基本礼节以及议事规则等；从范围层面进行分析，机制设计含有组织间以及协同团体与外部行为人之间互动的机制和单个组织的内部管理机制。机制设计应当具备较为完善的角色框架，较为严密的协同计划，以及重要的利益分配体系，主要指的是角色架构、规则计划、利益平衡等方面。

（2）学习。参与者在参与协同的过程中，希望通过某种方式达成期望的结果，在协同中最有效的方式便是学习。各参与方可能会不断审视自己的现状以调整学习的方向，提出更有价值的见解，推动协同过程逐步深化。

（3）领导力。需要注意的是，此处的领导力与上文在动因里的角色并不一致，其更多体现的是一种号召力，可以调动人力、物力资源，以推动协同进程。因此，领导力在协同过程中起着催化的作用。

（4）资源。尽可能让参与方拿出更多的资源，前提是参与方之间建立了足够的信任。

（四）协同行为

协同行为指的是协同治理过程中各方为了完成协同目标而采取的一系列行为。协同行为主要包括以下几种类型：首先是各方之间存在的共同行为，其次是某一协同方所产生的单独行为，最后是外部行为人对各方提出的指导建议。行为方式有很多种，如面对面对话（如双方海关定期或不定期会晤）、建立信任、投入热情、共同达成目标等。

协同成果的取得取决于实际的协同行为。在单个参与方无法独立完成任务的时候，协同治理的方式便被采纳。

在实践中，协同行为是否可以有效，协同引擎的支持程度将会起到决定性作用。然而，是否具有妥当的协同行为，要结合当时的环境情况以及各方对于行为准则的认知标准进行综合评估。基于行为准则与协同目标考虑，若是各方之间不能达成共识，那么协同行为就很难得到正确的评价。

（五）协同成果

根据协同优势理论，协同的优势是很难获取的。协同成果在SFIC模型中并没有单独明列，只是作为协同发生后自然而然产生的要素，而协同成果是促成协同治理模型形成闭环的重要环节。协同成果在产生直观效益的同时，也在为下次协同奠定信任契机和提供样板，这些隐性的东西比直观收益更具价值。同时，协同成果具备各种表现形式，并非仅体现为目标或者项目的实现。协同成果表示的是协同治理所取得的最终结果，在对其进行阐述时，应围绕三个方面，即协同对各参与方的影响、评估以及问责（如图5-6所示）。

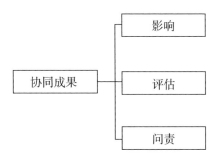

图 5-6　协同成果的要素划分

第一，影响。协同成果对各参与方的影响有物质和精神两个层面。直观的经济收益、高效的产出回报等属于物质方面。而在协同的过程中协同各方根据不同的资源相互学习，改变以往的固定思维，以更加开放的视角去看待问题，以更加宽容的态度去面对协同，磨合出一套新的方式方法，比如分析风险的能力、协作的能力、项目管理能力、团队建设的能力、对外部变化快速反应的能力、与其他参与方良好沟通和互动的技巧等，这些属于精神层面的影响。

第二，评估。这里将传统协同要素中的协同后果改为协同成果。笔者认为，协同的过程即使遇冷，但是出于对协同的选择，各参与方一定会在某一些方面取得进展，在未获得巨大收益的协同中依然可以摸索到更加顺畅的下次协同经验，因此不管取得何种结果，这里都称为协同成果。另外，协同的潜在成果更大，比如取得意外的收获可能会促使后续协同的相互信任程度有所提升；再如可以取得社会公众以及其他组织的认可，进而营造更有效的协同环境。

第三，问责。问责的难度巨大，因为协同的发起是出于自愿，如果协同失败，那么不管损失如何，作为一个协同整体一定不会有赢家，但是笔者认为问责的程序是必要的，它更多地存在于体制设计中的条款中，目的是约束协同各方不遗余力贡献能力，做出更多的协同行为。

问责的具体实施在于两方面：一是在协同实施中，应当对公然违反协同目的和宗旨使得协同团队造成严重损失的行为进行法律以及制度层面的问责。二是在协同成果产生后，由第三方机构较为公正地对协同中的不作为者进行问责。

问责制度的建立应当具有权威性和公正性，同时应该有明确的条线框架以便于判断，在进行问责时应当重视整改和补救。在问责后，如果没有实质性的整改进展，协同进程需要考虑是否将其剔除协同团体并剥夺其享有的其他团体资源，被问责方要承担难以被信任的风险，此类情况与预设结果相悖。

第三节 协同治理模型的样本筛选

笔者在以上模型的综合研究分析基础上，结合我国海关的实际情况，设计出了我国海关协同治理模型的框架和相关要素特点，该模型具备以下四个特点：

第一，具备广泛的适用性。与公私协力运作模型相比，综合模型具有十分广泛的理论文献与内容基础，而且在许多研究领域均可以得到广泛应用。

第二，应用创新方法描述协同过程。创新点主要体现在，该模型将协同过程划分为两个环节，即协同引擎与协同行为，对之前的线性结构进行了简单优化。该模型应用了环形结构，打破了线性结构的束缚。

第三，构建关键因素之间的互动关系。综合模型在对协同治理进行研究时，是以动态系统的形式展开的，在关键因素之间也建立了相应的互动关系。所以，在对成功要件进行分析时，也要将其列入相应的协同阶段，并采取合理的排列方法。

第四，协同治理模型图框架设计。笔者根据上述描述和条件进行充分比较、论证以及设计，构建了适合海关协同治理模型的大致框架（如图5-7所示）。模型需要有制度做支撑。

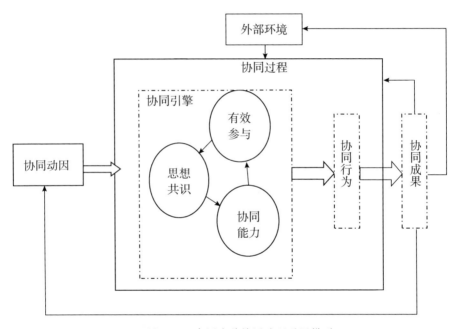

图 5-7 中国海关协同治理通用模型

出于对实践的负责和便于对模型的理解两方面考虑，模型优化前的样本国家将通过量化的方式进行筛选。

一、以六大经济走廊为切入点

"一带一路"六大经济走廊包括中蒙俄、新亚欧大陆桥、中国—中亚—西亚、中国—中南半岛、中巴、孟中印缅六大国际经济合作走廊，由亚投行和丝路基金提供资金支持走廊建设，为亚欧互联互通产业合作做出有力的支持。

六大经济走廊涉及共建"一带一路"的38个国家和地区。其中，有两个国家同时属于两个经济走廊，分别是俄罗斯和哈萨克斯坦（见表5-1）。

表5-1　"一带一路"六大经济走廊涉及国家和地区

经济走廊	涉及国家和地区
中巴经济走廊	巴基斯坦
孟中印缅经济走廊	孟加拉国、印度、缅甸
中蒙俄经济走廊	蒙古国、俄罗斯
中国—中南半岛经济走廊	越南、老挝、柬埔寨、马来西亚、泰国、新加坡
中国—中亚—西亚经济走廊	哈萨克斯坦、吉尔吉斯斯坦、塔吉克斯坦、乌兹别克斯坦、土库曼斯坦、土耳其、以色列、沙特阿拉伯、伊拉克、伊朗、阿富汗、塞浦路斯、黎巴嫩、叙利亚、约旦、巴勒斯坦、阿曼、也门、科威特、巴林、卡塔尔、阿联酋
新亚欧大陆桥经济走廊	哈萨克斯坦、俄罗斯、白俄罗斯、波兰、德国、荷兰

二、出口贸易的相似性指数比较和筛选

两个国家（地区）i和j在世界市场的出口贸易中，其相似性指数（ESI）的计算公式为：

$$\text{ESI}_{ij} = \left[\sum_k \text{Min} \left\{ \frac{x_i^k}{x_i}, \frac{x_j^k}{x_j} \right\} \right] \times 100$$

x_i^k、x_j^k表示i国和j国在第k类产品出口到世界市场的总额（此处的k分类按照国际贸易标准分类，即SITC），x_i、x_j分别表示i国和j国出口到世界市场的产品总额。假设i国和j国出口到世界市场的商品结构是一致的，此时两个国家的出口相似性指数就是100，这就代表两国之间存在极其激烈的出口竞争；当i国和j国出口的商品结构完全不同时，则该指数为0。该指数在0~100

内变动，指数下降表示两国的竞争逐渐减少，两国的分工专业程度在上升。中国与六大经济走廊中其他国家（地区）出口贸易的相似性指数见表5-2，趋势如图5-8所示。

表5-2　中国与六大经济走廊中其他国家（地区）出口贸易的相似性指数[1]

年份	中国—中南半岛经济走廊	新亚欧大陆桥经济走廊	中国—中亚—西亚经济走廊
1996	59.76	68.18	46.83
1998	61.64	69.76	51.53
2000	65.62	70.18	32.22
2002	71.21	75.09	36.89
2004	74.83	71.96	34.32
2006	74.79	68.72	29.68
2008	70.00	64.84	60.80
2010	73.65	64.26	31.48
2011	69.94	65.20	28.41
2012	69.65	62.75	31.34
2013	71.61	62.89	30.95
2014	72.70	64.67	33.42
2015	77.40	67.87	35.55

　　结合图表分析来看，中蒙俄经济走廊在六大经济走廊中的出口商品结构差异最大，在世界市场中的竞争最小，其ESI指数大多为20~30，说明其持续开展双边贸易的潜力较大。中国—中南半岛经济走廊的出口相似性指数最高，大多为70以上，说明该区域的出口竞争最为激烈，商品结构相似度高。而其他几个

———————
[1]　数据来源：UN COMTRADE 数据库.

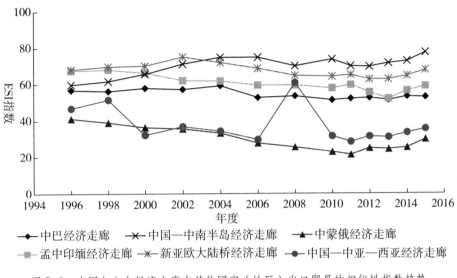

图 5-8　中国与六大经济走廊中其他国家（地区）出口贸易的相似性指数趋势

经济走廊的数据除中国—中亚—西亚经济走廊在2011年触底回弹一些外，均不具有竞争优势。

本书初步筛选出中蒙俄经济走廊和中国—中亚—西亚经济走廊来进行样本筛选。一方面，考虑到协同开展需要互相信任，出口相似性指数低的国家和地区由于资源的优势互补且少有相关产业的竞争关系，更易形成信任。另一方面，相关产业差异越大，协同的优势就越明显，契合度就越高，选择协同的动机便更加明确。

三、贸易结合度指数比较和筛选

由于中国—中亚—西亚经济走廊及中蒙俄经济走廊涉及诸多国家（地区），需要筛选出其中与中国贸易关系密切的国家（地区）作为中国海关国际合作模型分析样本。本书在筛选的过程中采用了贸易结合度指数。

A国对B国的贸易结合度计算公式为：

$$\text{TCD} = \frac{X_{AB} / X_A}{M_B / M_W}$$

其中，X_{AB} 表示 A 国对 B 国的出口总额，X_A 表示 A 国对世界市场的出口总额，

M_B表示B国从世界市场的进口总额，M_W表示世界市场进口总额。如果TCD指数>1，代表两国贸易联系紧密；如果TCD<1，则两国贸易联系松散；如果TCD=1，表示两国贸易紧密程度处于平均水平。

中国作为六大经济走廊出口国的贸易结合度指数如图5-9所示。

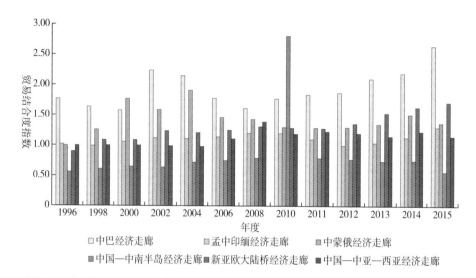

图5-9 中国与六大经济走廊的沿线国家（地区）贸易结合度指数（专指中国出口）

由图5-9可知，中蒙俄、新亚欧大陆桥、中巴三条经济走廊具有相对较大的结合度优势，但是考虑到中巴关系历史友好的客观条件，且中巴经济走廊不具备普遍性，那么中蒙俄、新亚欧大陆桥的结合度便更加理想。

中国作为六大经济走廊进口国的贸易结合度指数如图5-10所示。

由图5-10可知，显然的优势走廊为中蒙俄经济走廊和中国—中南半岛经济走廊，而中国—中亚—西亚经济走廊有了很大的劣势，考虑到协同双方的平等性和互惠性，且中国—中亚—西亚经济走廊的国家多是体量小的国家，笔者将选择范围聚焦在了中蒙俄经济走廊上。

考虑到选择的样本国家体量和领域应相对广泛，笔者将俄罗斯作为最主要的样本国家进行模型构建，并在模型构建中进行详细分析，以为其他国家的海关国际合作提供参考。

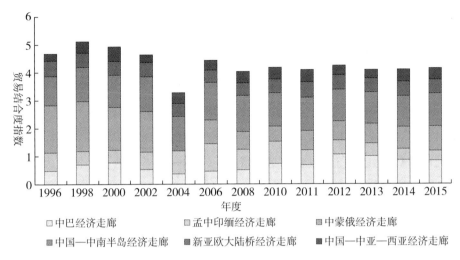

图 5-10　中国与六大经济走廊的沿线国家（地区）贸易结合度指数（专指中国进口）

四、样本确定的信度、效度和合理性

（一）信度和效度

在选取样本阶段，通过六大经济走廊的分析比较，经过多次核对，用统计公式计算出口贸易的相似性指数以及贸易结合度指数来保证研究的信度，力争符合科学的选择标准。

以上这些统计数据的来源都是中国海关统计数据，所以其效度也是可以保证的。

（二）合理性

"一带一路"倡议提出 10 年来，中俄两国经贸合作日益紧密，硕果累累。同时，中俄合作的"一带一路"示范效应逐渐凸显。所以，从合理性的角度来看，把俄罗斯作为样本来分析和研究是科学合理的，也为大国关系健康发展提供了样板。

五、最新动态

"六廊六路多国多港"是共建"一带一路"的主体框架，经济走廊建设是推进"一带一路"建设的重要内容，回看这几年的发展历程，亮点纷呈。

总体而言，中巴经济走廊起步早、进展快，22个早期项目中已经有10个项目完工，能源合作明显；中蒙俄经济走廊涉及地区顶层设计，政治互信不断提高，口岸建设和能源合作是其特色；中国—中亚—西亚经济走廊基础设施建设项目以隧道为主，产业园区建设是亮点；新亚欧大陆桥经济走廊历史最久，陆上铁路货运——中欧班列已打造出品牌；孟中印缅经济走廊推进相对较慢，但"人字形"中缅经济走廊有后来赶上的发展势头。

第 六 章

"一带一路"背景下中国海关
国际协同治理的模型优化和完善

第五章通过分析和筛选，不仅构建了海关国际协同的一般模型，也梳理了"一带一路"背景下中国海关国际协同的现状和挑战，本章将结合海关的实际业务，对每一个模块进行优化和完善。

第一节　中俄海关国际协同治理模型优化

一、样本国家——俄罗斯基本概况

（一）俄罗斯贸易环境、地理情况综述

俄罗斯联邦，简称俄罗斯，人口约1.43亿，共83个联邦主体，包括21个共和国、9个边疆区、46个州、2个联邦直辖市、1个自治州、4个民族自治区，共计有194个民族。

根据俄罗斯海关数据，2021年1—9月，俄罗斯外贸总额达5573亿美元，同比增长36.3%。其中，出口3438亿美元，同比增长41.4%；进口2135亿美元，同比增长28.9%。外贸顺差1303亿美元，同比增长68.1%。能源为俄罗斯主要出口商品，在出口商品结构中占比53.2%。机械设备为俄罗斯主要进口产品，在进口商品结构中占比49.5%。

从地理位置上来看，俄罗斯地处亚洲北部与欧洲东部地带，欧洲区域的领土基本上在东欧平原。俄罗斯横跨欧亚大陆，东临太平洋，西靠波罗的海芬兰湾，东西方向最长达9000千米，南北方向最宽达4000千米，国家的领土面积共计1707.54万平方千米，也是全球拥有最大领土面积的国家。海岸线长约33807千米。国家许多地区均处于北温带，气候呈现多样性，基本上为大陆性气候。季节温差很大，当地1月份的平均温度为–1℃~ –37℃，当地7月份的平均温度为11℃~27℃。当地的平均降水量一般为150~1000毫米。

（二）俄罗斯海关综述

俄罗斯的国家海关委员会在1991年10月25日成立。2004年3月，俄海关机构进行了一系列的改革与重组，机构改为俄联邦海关署，隶属于俄联邦经济发展和贸易部。2006年5月，为完善俄联邦执法部门组织机构，强化海关职能和监督，俄联邦总统签署命令，宣布俄联邦海关署脱离俄经济发展和贸易部管辖，重新隶属于俄联邦政府的管辖范围内。俄罗斯海关在发展的过程中，采取的是垂直管理体制，对全国海关进行统一管理，组织机构进行合理划分，主要可以分成以下几个层次（如图6-1所示）。第一个层次是海关署，第二个层次是直属地区海关局（简称直属海关），第三个层次是隶属海关，第四个层次是海关站（如同中国海关的办事机构）。署机关内设20个局、8个直属地区海关局（主要遍布在俄联邦八大行政区的范围内，其中包括中央海关局、西北海关局、远东海关局、南方海关局、西伯利亚海关局、乌拉尔海关局、伏尔加河沿岸海关局和北高加索海关局，海关局共下设93个直属海关）、7个海关署直属海关（弗努科沃机场海关、多莫杰多沃机场海关、谢列梅捷沃机场海关、中央基地海关、中央消费税海关、中央海关以及中央能源海关）。除此之外，俄罗斯海关的驻外代表处共计17个（现阶段，在中国的驻外代表处主要有两个，分别在北京与香港，人员编制数量为5人），还有1个海关学院以及3个分院。

图 6-1　俄罗斯海关组织构架图

目前，俄联邦海关署的署长和副署长分别有1人和6人。截至2023年年底，俄罗斯海关关员有64000余人。其主要职能为对海关业务进行监管、缉私、征税、统计以及其他事项。在最近几年，俄罗斯海关逐渐提高了通关监管效率，加大改革力度，投入了大量的科技设备，致力于增强自身的监管力度。俄罗斯海关现装备4台集装箱检查系统、1000多台放射性物质检查仪、40多艘舰艇、10多架直升机。俄罗斯为促进业务的深化改革，促使海关手续流程更加简化，共建立电子报关中心13个，深入贯彻落实电子申报制度。

2012年8月，俄罗斯通过了《有关批准俄罗斯加入世界贸易组织协议的联邦法案》，自此以后，仅有少数几条过渡期条款不适用世界贸易组织的规则，其他所有的条款都符合世界贸易组织的规则；按照世界贸易组织的规则要求，俄罗斯应该提高开放贸易投资体制，努力营造一个公平且透明的投资环境。

（三）俄罗斯近年国家建设重点综述

1.基础设施方面

俄罗斯的面积很大，而且地理环境又呈现多样化，公路交通体系还没有建设完全，虽然俄罗斯的水运网、铁路网以及航空网有了一定的基础，然而这些铁路网以及航空网等都是在苏联时期建造的，已属陈旧。俄罗斯政府希望通过加大投资以升级完善基础设施，莫斯科、圣彼得堡改造较为成功，全国的其他城市基础设施依然陈旧。2012年，俄罗斯交通运输货物周转量达到5.055万亿吨千米；2011年11月，俄罗斯总理宣布10年规划，在今后10年间重视加大交通领域建设，政府投入款项，提升公路、铁路、航空的运营状况，加快港口、机场等基础设施的现代化建设水平，同时也鼓励多途径投资渠道加入建设，以填补财政缺口。

2.经济特区及优先开发区建设

2005年，关于俄罗斯联邦特殊经济区的法律颁布后，俄罗斯开始大力发展经济特区。新的联邦法划分了4种经济特区类型，包括工业制造型、科技创新型、旅游休闲型和港口型，到2013年年底，俄罗斯已经建成28个经济特区。

数据显示，到2014年年中，俄罗斯政府共投入730亿卢布用于这些经济特区（28个）的基础设施建设，并且超过350个常驻公司在这些经济特区设立工厂，计划投资总额为4600亿卢布。

除经济特区外，俄罗斯总统在2013年联邦年度会议上第一次提出新建优先开发区，呼吁在西伯利亚和远东地区设置特区和优先发展区网络，旨在发展包括出口导向型的制造业，政府将投入至少420亿卢布来支持远东地区发展。从2015年起，首先建立15个优先开发区，截至2016年4月，远东地区已运作了12个优先开发区。

3.远东及贝加尔地区建设

远东及贝加尔地区是中蒙俄经济走廊建设的重要区域，其价值不言而喻。

20世纪90年代，受气候恶劣、位置偏远等因素影响，远东及贝加尔地区与俄罗斯其他地区相比，产业发展成本高且竞争力弱，同时，该地区对资源型产业依赖性较强，矿产资源开采占地区GDP的25%，而全国平均占比为9.5%。地区生产总值仅占俄罗斯经济总量的2.3%。人均GDP低于俄罗斯的平均水平，主导产业集中在原料开采和粗加工领域，该地区2/3的产品供给其他地区，而本地区80%的消费品来源于外地。

为发展远东及贝加尔地区，俄罗斯政府制定了四大中长期目标（到2020年）：第一，优先发展交通和能源基础设施；第二，为实施15~20个具有长期投资回报的大型综合投资项目创造有利条件，为形成新的发展中心奠定基础；第三，在远东与贝加尔地区形成激烈竞争的市场；第四，营造舒适的生活条件和现代化的教育科研中心，发展人力资源。其中，第一个目标是最为重要的，如果不能很好地解决交通和基础设施等问题，其他三个目标很难实现。

在远东和贝加尔地区发展目标（至2025年）的实施蓝图中，政府对远东及贝加尔地区发展的主要预期如下：优先开发区的商品、工程、劳务生产值将达到47645.5亿卢布；16个优先开发区顺利成功运行；提供42.68万个工作岗位，新增外来人口85.38万；公路、铁路、海港基础设施得到较大改善。

二、中俄双方总体贸易水平

自苏联解体以来，中俄在双边贸易发展上尽管有阻碍，但总体上仍具有发展的良好趋势。1992年，中俄两国之间的贸易额只有58亿美元，到了2014年，中俄两国之间的贸易额增长到了953亿美元。

1994—1998年，中俄双边贸易发展不太顺利。一方面，中俄两国企业因资金短缺，双边贸易方式发生了相应的转变，由最初的易货贸易方式，逐渐转变成了现汇贸易模式，中俄企业很难进行适应与调整；另一方面，这一时期俄罗斯的关税税率非常高，中国向俄罗斯出口的商品需要缴纳许多关税，中国商品的价格优势也逐渐失去，无法占据重要的市场份额，对双边贸易产生不利影响。1994年，中俄两国贸易额较1993年减少了33.8%，只有50.8亿美元。1995—1996年，中俄两国贸易额有所升高，分别达到了54.6亿美元和68.4亿美元，与1994年相比分别提高了7.6%、25.3%。1997年，两国的贸易额仅有61.2亿美元，同比降低了10.6%。1998年，贸易额继续下降到了54.8亿美元，同比下降10.4%，这一时期内贸易额仍然无法超过1993年的76.6亿美元。

1999年以来，中俄双边贸易额不断增长，良好的趋势显示中俄双边贸易步入良性发展阶段。随着中国经济步入快速向好发展时期，中俄两国的贸易额基本上处于一个不断增长的状态，年均增速为38%。除此之外，中俄两国之间也在更高层次达成了许多的合作，两国政府共同签订了一些具有战略意义的贸易协议，这促进了中俄两国不断加强贸易合作，并有助于优化贸易环境。

中俄两国的国界线长达数千千米，边界问题对两国的合作发展产生了一定的阻碍，为了使这些问题得到解决，2004年，中俄政府出台了《中俄关于中俄国界东段补充协定》，本年度实现的双边贸易额为212.3亿美元；2003—2005年，每一年的增长率均在30%以上；2005年两国贸易额甚至超过了291亿美元。随着中俄两国的政治、经济以及军事等领域交流越来越密切，贸易水平也持续提高，2007年我国第一次实现了贸易顺差，顺差额为87.8亿美元，2008年达到了569.1亿美元。中国在俄罗斯对外贸易伙伴中的地位见表6-1。

表6-1　中国在俄罗斯对外贸易伙伴中的地位

年份	2008	2009	2012	2013	2018	2019
第一	德国	荷兰	中国	中国	中国	中国
第二	荷兰	德国	荷兰	荷兰	德国	荷兰
第三	中国	中国	德国	德国	荷兰	德国
第四	意大利	意大利	意大利	意大利	白俄罗斯	白俄罗斯
第五	乌克兰	白俄罗斯	乌克兰	乌克兰	土耳其	意大利

三、中俄海关国际协同治理的一般模型优化

中俄海关国际协同治理模型涉及很多要素，笔者从普通模型出发，说明各要素之间的关系，并将无关的要素剔除，将中俄海关具体的语境代入，如图6-2所示。

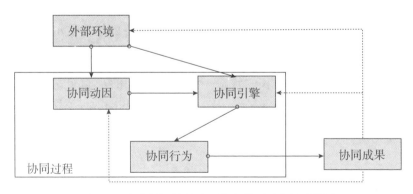

图6-2　海关国际协同治理综合模型要素关系简图

注：图中虚线指对第二轮协同的反馈，实线表示首次作用指向。

在海关国际协同治理具体的语境中，将各协同模块涵盖的相关要素进行详细探讨，分析模块内要素的相互关系，将其中涵盖的协同要素内关系和协

同要素间关系进行了优化（如图6-3所示）。

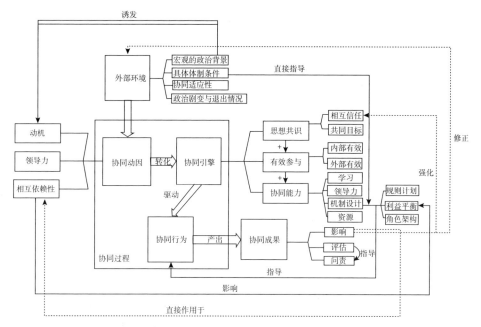

图6-3 海关国际协同治理的优化模型图

注：图中"+"表示强化。

其中，协同引擎和协同动因将是分析的重点，协同成果将是分析的难点。在下文的分析中，笔者将各协同要素作为关系发出方进行阐述，而相应地，当其他协同要素作为被指向要素时，尽可能不在相关要素模块的关系图中展示。

四、中俄海关国际协同治理优化模型要素分析

（一）中俄海关协同治理的外部环境

中俄海关协同治理综合模型的外部环境是相对复杂的。笔者通过对客观情况的了解和调查，将一般模型中的外部环境进行了优化。外部环境模块与其他协同要素间关系如图6-4所示。

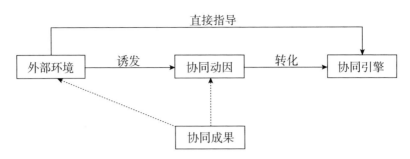

图 6-4　外部环境模块与其他协同要素间关系示意图

外部环境将诱发协同动因，出于对既有环境的考虑，中俄双方的宏观政治条件和一些体制条件促成了协同开展的动机，而这些现实条件又会产生错综复杂的协同动机或者协同各方的相互依赖关系。协同动机与相互依赖性是协同动因的重要组成部分，因而外部环境与协同动因的关系也明晰了起来。

同时，外部环境不是一成不变的，当首轮协同进展结束，外部环境将会得到更新（如图6-4中的虚线部分），而出于单一指向的作图原则，这一部分没有在外部环境模块中标明，下一步将在其协同要素模块进行阐述。

《愿景与行动》中明确阐述了"一带一路"的基本任务与指导方向。文中还提出了"五通"合作内容，其作用是可以推进共建国家（地区）的互联互通，致力于在以下几个领域取得突破性进展，包括基础设施互联互通、能源资源合作、金融合作、产业投资合作、经贸合作、生态环境合作、人文交流合作、海上合作，从而达到多元化合作的目标。"五通"建设是中俄海关协同的建设方向和技术指引，"五通"也是"一带一路"倡议开始的核心，彼此之间有着密切的联系。"五通"指数可以对海关各项工作的开展产生有利影响，海关也可以针对实际情况挖掘出更多优质的海关合作项目，找寻出可行性比较强的海关协同路径，对海关的监管风险进行合理把控，改善自身的不足之处，去除障碍因素，促进中国海关与"一带一路"共建国家和地区海关的持续发展，并且实现监管互认、信息互换以及执法互助的目标。

"五通"指数搭建了科学合理的分层指数结构，在此基础上形成完善的评价指标体系，可以评价中国与"一带一路"共建国家和地区的互联互通现状。

"五通"指数主要对共建国家和地区的以下几个方面进行了量化分析,包括政治环境、贸易环境、基础设施、人文环境以及金融环境,得出了与各国(地区)相对应的指数,采用指数相加和的方式,将其等距分成了四个等级(满分为50分),分别是:顺畅型(评分超过40分);良好型(评分30~40分);潜力型(评分20~30分);薄弱型(评分不足20分)。

值得一提的是,"顺畅型"国家有五个,即俄罗斯、新加坡、马来西亚、印度尼西亚以及新加坡,在第五章中选出的国家分析样本——俄罗斯位于综合排名榜首(见表6-2)。虽然"五通"指数并不能完全反映中俄两国协同特别是海关协同的全部外部环境条件,但是可以借助这五个方面对中俄海关国际协同治理的具体体制条件做一个梳理。

表6-2 "一带一路"共建"顺畅型"国家"五通"指数表

排名	国家	政策沟通	设施联通	贸易畅通	资金融通	民心相通	总评分
1	俄罗斯	10	10	8.57	9.47	9.57	47.62
2	马来西亚	9.35	6.94	8.93	9.36	8.91	43.49
3	新加坡	7.55	5.52	10	10	10	43.07
4	泰国	9.21	5.04	8.69	9.87	9.66	42.48
5	印度尼西亚	8	6	9.62	9.32	8.28	41.22

这里需要注意的是,由于时效性不同,第四章外部环境中的一些要素会兼有外部协同条件和内部协同引擎的作用,考虑到这些外部环境具有多重效果,为了使模型结构更加清晰,在海关国际协同治理综合模型中提到的各类法律规章等,也将根据其协同开展的目的属性不同,分为两类。其一,在宏观条件下既有的法律条款和政策制度,归入外部环境中的体制条件;其二,作为协同目标达成过程中新签订的条约和政策制度,将归入协同行为。

1.宏观政治背景

在全球经济一体化的发展历程中,虽然世界贸易组织创造了重要的平台,然而,由于成员方的数量众多,若想多方之间达成谈判共识,仍要面临许多的困难与挑战。现阶段，由于"一带一路"倡议持续推进，许多国家（地区）逐渐开始加强国际合作，原有合作的国家则进一步强化合作，而其中的中俄合作是"一带一路"倡议中不可或缺的一部分。中国和俄罗斯是金砖国家中"成色较足"的两个国家，两国之间的合作以互利共赢为目的，"一带一路"倡议的实施和发展更是促进、深化合作的高效催化剂。

2.具体体制条件

第一，优势体制条件：

（1）政策沟通方面

中俄两国之间构建了全面战略伙伴关系，在许多相关的法律法规与文件框架下，以中俄总理定期会晤委员会机制作为基础，加强了两国之间的海关合作。现阶段，中俄海关主要围绕以下几个方面开展合作，包括规范通关秩序、规范企业行为、提升监管效率以及严惩走私违法行为等，采取分步实施的宗旨理念，深入开展中俄海关合作，在执法、统计以及信息交换等多个合作领域中，不仅加强彼此之间的合作，还拓展新的项目。中俄海关签署协议汇总见表6–3。

表 6–3　中俄海关签署协议汇总表

双边协议	《中华人民共和国海关总署和俄罗斯联邦海关署关于开展特定商品海关监管结果互认的议定书》
	《中华人民共和国海关总署和俄罗斯联邦海关署关于深化中国海关总署东北地区边境海关和俄罗斯海关署远东海关局及西伯利亚海关局边境海关合作纲要》
	《中华人民共和国海关总署和俄罗斯联邦海关署关于规范通关监管秩序的合作备忘录》
	《中俄海关合作分委会会议纪要》
	《中俄海关对超标放射性物质监管的议定书》
	《中俄海关开展估价合作的议定书》
	《中华人民共和国政府和俄罗斯联邦政府海关合作与互助协定》
	《中华人民共和国政府和俄罗斯联邦政府关于中俄边境口岸协定》

多边协议（国际海关公约）	《关于设立海关合作理事会公约》
	《海关商品估价公约》
	《关于货物暂准进口的 ATA 单证册海关公约》

（2）设施联通方面

在"一带一路"倡议中，除了"五通"，还有"六路"，指畅通六大路网：铁路、公路、水路、空路、管路、信息高速路。2017年，在第一届"一带一路"国际合作高峰论坛上，中国、白俄罗斯、德国、哈萨克斯坦、蒙古国、波兰、俄罗斯7国铁路部门正式签署《关于深化中欧班列合作协议》，后续该协议获得稳步推进。

（3）贸易畅通方面

2017年5月，中国海关总署与哈萨克斯坦、荷兰、波兰、俄罗斯等的海关部门签署海关合作文件，深化沿线海关"信息互换，监管互认，执法互助"合作。中国海关总署与国际道路运输联盟签署促进国际物流大通道建设及实施《国际公路运输公约》（《TIR 公约》）的合作文件。

中国海关总署在2018年4月16日第30号公告中明确：霍尔果斯口岸、伊尔克什坦口岸、二连浩特公路口岸、满洲里公路口岸、绥芬河口岸启动 TIR 运输试点，中俄海关贸易往来较多的口岸也涵盖在其中。2018年5月18日第42号公告中增加大连港口岸为我国 TIR 运输试点口岸。2019年3月，海关总署根据已有部分试点口岸，决定增加吉木乃口岸、巴克图口岸、阿拉山口口岸、都拉塔口岸为 TIR 运输试点口岸。2019年5月15日，海关总署发布公告，决定在前期 TIR 试点的基础上，自2019年6月25日起全面实施《TIR 公约》（如图6-5所示）。

（4）资金融通方面

中国是俄罗斯最大的贸易合作国。中俄两国为了促进合作发展，联合签订了与投资合作相关的谅解备忘录。两国基于平等互利的条件，开展了一系

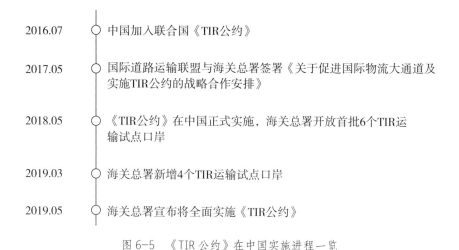

2016.07	中国加入联合国《TIR公约》
2017.05	国际道路运输联盟与海关总署签署《关于促进国际物流大通道及实施TIR公约的战略合作安排》
2018.05	《TIR公约》在中国正式实施，海关总署开放首批6个TIR运输试点口岸
2019.03	海关总署新增4个TIR运输试点口岸
2019.05	海关总署宣布将全面实施《TIR公约》

图6-5　《TIR公约》在中国实施进程一览

列的经济与投资项目。

"一带一路"倡议的提出极大地促进了双边投资合作，并且使当前所面临的各项问题得到了有效解决。在贸易合作中，中国海关起到了至关重要的作用。

金融合作可以促进中国与俄罗斯应对美元风险，提高本币地位，有利于贸易结算，在直接投资、双边贸易以及信贷等多个领域中，中俄两国的本币结算规模也逐渐扩大。2013年，我国第一个卢布适用城市建立在黑龙江省绥芬河市，中俄两国的金融合作持续推进，彼此之间的交往也越来越密切，我国许多银行均在俄罗斯境内成立了办事处或者分行。2015年3月28日，在博鳌亚洲论坛2015年年会开幕式上，俄罗斯第一副总理表示，俄罗斯将加入亚投行。2015年4月，俄罗斯宣布加入亚投行。

（5）民心相通方面

根据国家对于"五通"指数的解读，笔者筛选出民心相通方面与海关往来有间接关系的模块，主要包括旅游活动和民间往来。

2015年，内蒙古自治区修订边境旅游暂行管理办法，积极争取放宽边境旅游管制，承接好国家下放边境旅游管理权限的工作，在沿边重点地区允许国内居民持有效证件办理边境旅游手续。按照中俄蒙协商并批准的战略及口岸出入要求，逐步允许边境旅游团队灵活选择入境口岸，积极争取持有边境通行证在俄蒙纵深游线路自由行。在满洲里、二连浩特、阿尔山口口岸推行一站式通关模式，设立团队游客绿色通道，有效推进旅客自助查验通道、车辆自助通关系统以及智能验证，组织召开中俄蒙三国五地旅游联席会议、莫斯科国际旅游交易会、中俄蒙青少年旅游夏令营交流等活动，共同打造"万里茶道"国际旅游联盟，在2018年第三季度俄罗斯赤塔市举办第五届中俄蒙"万里茶道"三国五地旅游联席会议。中俄双方积极培育海拉尔—赤塔和满洲里—赤塔航线，畅通人员往来，强化文化互信。

同时，大力开展边民互市贸易，落实边民互市贸易管理办法，部分边民互市进口商品免征进口关税和进口环节增值税。完善满洲里、二连浩特等地边民互市贸易管理办法，扩大边民互市交易商品品种，推动满洲里、二连浩特互市贸易区做大做强，积极推动满都拉等边民互市点建设。2018年5月28日，中华人民共和国内蒙古自治区与俄罗斯联邦外贝加尔边疆区地方政府间定期会晤机制工作组第二次会议决定：双方继续推动中俄跨境经济合作区建设，争取国家层面的支持；共同推动满洲里到外贝加尔斯克互市贸易区俄方一侧建设，提高满洲里—外贝加尔斯克互市贸易区合作水平。

第二，劣势体制条件：

劣势的体制条件可以为协同引擎中机制设计提供更完善的思路。

（1）设施联通方面

基础设施建设不足且标准不统一。俄罗斯公路密度只有法国的二十五之一、美国的十分之一，差距甚大，所以俄罗斯公路发展的制约要素是道路质量差、总里程短、实际装载率低、道路布局不平衡等。制约其发展的原因是道路建设效率低下且成本超高。还有一个重要原因是技术规范、技术标准的不一致，容易造成堵点，所以线路规划、技术标准、规范等比物理层面的互联互通更重要。举例来说，俄罗斯的铁路是1520毫米的宽轨，但我国的标准轨距是1435毫米。因此，铁路线路可以连接，但无法直通，货物运到边境就要卸车，然后再过车，还要匹配火车调度，通行效率受限，且大幅增加了运输成本。

（2）贸易畅通方面

通关政策不统一，缺少协作机制，直接导致通关速度降低、货物积压等一系列问题，还有可能导致不能通关。例如，中国和俄罗斯以及欧洲之间来往的货车，如果是正常装载，那么到蒙古国会被认定为超载，双边货物车辆的直接往来运输受限。

（3）资金融通方面

俄罗斯对于自然资源等初级产品依赖性强，其贸易优势产业过于单一，而中国对其出口虽然近年来已经向工业类制成品偏移，但是大多是技术含量不高的杂项制品，资金融通性较低。产业间贸易较少且结构较为单一，为防止同质化竞争，扩展合作领域变得极为迫切。

3.协同适应性

在一般模型中，考虑到协同治理的各方对于协同目标的达成需要有团队凝聚力，这个团队虽然可能是临时组建，要做到开展协同，必然需要团队各方为共同的协同目标进行努力。

鉴于此，笔者将凝聚力改为协同适应性。因为凝聚力并不将达成共同目标作为重点，该部分会在下文的协同引擎中提到，此处考虑更多的是假设协同已经开展后，协同各参与方在协同治理过程中相互融入的本领，为了保持模型中各要素的独立性，故作此修改。

在中俄海关协同中，需对真正协同开始后容易忽略的相互融入机制做好应对。比如推进通关标准统一，只通过一两次的磋商可能难以实现，为了保证协同适应性，《中华人民共和国海关总署和俄罗斯联邦海关署关于深化中国海关总署东北地区边境海关和俄罗斯海关署远东海关局及西伯利亚海关局边境海关合作纲要》落实措施计划中就规定了，满洲里海关、哈尔滨海关、长春海关从2014年至2018年每年至少要召开一次边境直属海关年度工作会谈，落实中俄双方在海关协同过程中的各项适应性问题。

（二）中俄海关协同治理的协同动因

协同动因是协同过程开始的起点，协同各参与方之所以会选择协同，可以归因于协同动因的充分性，进而才有了研究协同治理的条件。如果没有协同动因，协同治理必然不会产生。

究竟是什么让中俄海关有了可以协同的条件而又有必须协同的趋势呢？下面从领导力、相互依赖性方面进行详细阐述。

领导力主要可以分为两种：一种是在协同开展之初甚至尚未开始前，协同参与方对于参与协同的极大热情以及坚持协同的勇气才使协同开展起来。通俗解释，协同各参与方需要这种拥有"激情和魄力"的领导能力；第二种是协同已经开展后，在各参与方的内部需要为了协同团队共同奋斗的号召力，使得协同参与方能够共同实现协同目标，而不是各自为战。以上两种领导力，第一种归入协同动因，第二种可以转化为执行力的领导号召力归入协同引擎，更确切地讲是归入协同能力。

领导力要素的归类如图6-6所示。

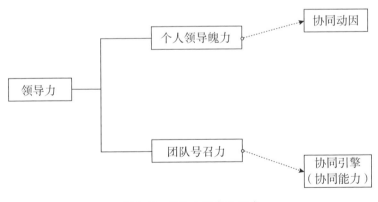

图 6-6 领导力要素的归类

协同动因中的相互依赖性是协同动因转化为协同引擎的主体部分，相互依赖性会左右协同各方之间的利益平衡，出于对自身不同情况的侧重，协同各方将趋于寻求对于自身来讲更为重要的利益，这些利益可以是相关资源，也可以是相关制度便利，这种相互获取的过程就是相互依赖性的体现。

合理而完善的相互依赖性可以平衡协同各参与方的利益。中俄双方需要依靠这些相互依赖性稳步开展协同而不至于其中一方占据绝对优势，导致协同参与方之间平等关系失衡。

（三）中俄海关协同治理的协同引擎

在协同过程中，协同引擎是重要的组成部分，其包含的要素将直接影响协同行为的转化，这也是称之为"引擎"的原因。协同引擎给协同行为提供动力，而引擎中的思想共识、有效参与和协同能力三个方面又是相互补充、互为助力的，笔者称之为"三元推动引擎"（如图6-7所示）。

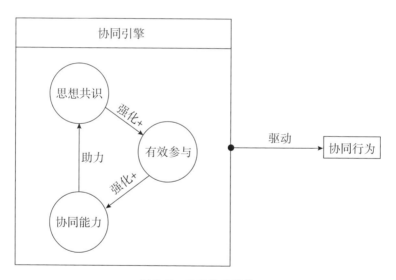

图 6-7　三元推动引擎

思想共识保证协同参与方之间对于总体目标的认同，从而对于无效参与进行思想纠偏；有效参与会增强协同能力的行为转化，让资源的充分利用更有着力点；优秀的协同能力会促进达成思想共识，有了能力基础的协同会让协同各方更容易看到协同的曙光从而更容易形成共识。三者共同驱动协同行为，为协同行为做强有力的后盾。

1.思想共识

2015年发布的《愿景与行动》明确指出，沿线国家（地区）应该强化相互之间的海关合作，并采用信息互换、执法互助以及监管互认的方式，实现多个方面的双多边合作，其中包括检验检疫、标准计量、认证认可及统计信息等，促进《贸易便利化协定》的实施。与此同时，在实施的过程中，也应改善边境口岸的通关环境，大力建设"单一窗口"，尽量压缩通关成本，提升本国的通关能力。而且还要提高便利化合作，提升供应链安全性，促进跨境监管程序的协调发展，贯彻落实AEO互认的宗旨理念。除此之外，也要减少非关税壁垒的影响，致力于提升技术性贸易手段的透明程度，促进贸易合作的有序开展。

3M海关国际合作理念为中俄海关协同治理提供了共同目标。3M海关国际合作理念由中国海关于2009年5月在第二次中欧经贸高层对话（HED）和第四次中欧联合海关合作委员会会议（JCCC）中提出，期望将其作为中欧海关、协调管理各项合作的基础之一。

（1）信息互换是海关开展实质性合作的基本要求

进口地海关与出口地海关之间如果可以进行高效的信息互换，了解进入关境内的运输工具与货物的基本状况，展开风险分析并准确地判别潜在的风险，有助于提升通关效率，也可以指导事后稽查工作。高效的信息互换可以帮助出口地海关对货物的实际状况有更全面的掌握，企业通关也更加便利，与此同时，也提高了中俄海关的互信程度，减少了信息不对称问题的出现，避免产生过多的风险因素。

（2）监管互认是构建一体化海关监管制度的基本条件

进口地海关与出口地海关相互承认对方的监管结果，可以降低重复查验与监管的概率，也可以使海关的贸易成本与行政成本显著下降。监管互认必须符合以下几项要求：统一的监管标准、交换风险信息、统一的风险管理标准、互换海关信息与共享数据。互认监管结果并非仅是局限于某一查验结果，而且还要确保国际贸易链的便利性与安全性，与国际海关合作的监管范畴相匹配，主要内容包括物流监管、单证相符以及企业信用等。

（3）执法互助是深化各国海关行政互助合作的重要保障

执法互助涉及的内容比较多，包括走私、洗钱以及贩毒等相关信息交换，核查报关单以及原产地证明等单证，开展联合执法行动，除此之外，还包括在知识产权海关保护合作领域开展侵权案件数据交换、侵权案件联合风险分析等。

3M海关国际合作理念为国际贸易的开展创造了更多的有利条件，充分展现了国际海关提倡的主张与基本特征，从某种程度上来看，也对中俄海关的合作发展产生了一定的借鉴作用。

2.有效参与

协同过程中的执行有效性是协同各方达成共同目标道路上的保障，同时也是在相互信任达成后的务实转化。考虑到中国海关的具体情况以及模型构建的科学性，本书将有效参与分为内部有效和外部有效两方面。在一些研究中，当协同语境逐渐上升到国内国际的高度时，可以将其划分为两个方面，即国内海关协同和国际海关协同。前者指内部有效，后者指外部有效。作为国际协同参与主体，中俄海关必须保证自身的内部协同有效性，为外部协同提供保障，让协同治理模式更有抓手，只有内部有效和外部有效两手抓，协同参与的有效性才会更好地发挥，从而给协同引擎注入强大动力。

中俄海关协同治理模型中，内部有效主要包含两方面，第一是全国通关一体化，第二是关检融合。有效参与的内部有效关系如图6-8所示，下面将主要进行阐述。

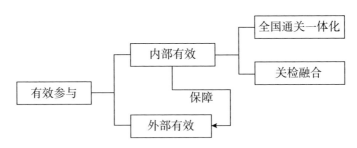

图6-8　有效参与的内部有效关系示意图

（1）全国通关一体化。2016年3月，我国正式提出了全国通关一体化，相关部门正式出台了《全国通关一体化改革实施框架方案》。其核心内容为"两中心、三制度"，"两中心"的含义是构建规范的税收征管中心与风险防控中心，"三制度"的含义是"一次申报，分步处置""改革税收征管制度""推进协同监管制度"。在我国出台的《推进"一带一路"沿线大通关合作行动计划（2018—2020）》中，将其目的设定为"提供更加便捷高效的通关环境""营造国内良好开放环境"。

"一次申报，分步处置"的含义是企业采取一次报关的方式，口岸海关执行第一步——对货物品名以及数量等准入条件进行验证分析，将准入风险排除之后，企业利用系统实现自缴税款的操作，或凭借担保先放行货物，在对货物放行之前，必须在现场进行验估的，可以采用取样等方式，完成存证之后予以放行；属地海关执行第二步——对货物归类、原产地以及价格等税收属性进行验证分析，采用批量审核等多种方式，在放行货物之后，对其采取税收征管操作。

改革税收征管方式指的是将放行环节向前推进，将报关单审核的价格、归类、原产地以及缴税、后续稽核查等环节进行后移，从而达到快速通关的目的。

推进协同监管制度主要可以分为以下几个层面。第一，上下层面的协同。实现多个职能的统筹管理，包括税收征管、风险防控等，促进海关财务管理一体化。第二，左右层面的协同。口岸海关倾向于运输工具、监管场所、货物以及物品等方面的监管职能；属地海关倾向于信用管理以及企业稽查等职能，对合规管理与后续监管予以了高度重视。第三，前后层面的协同。通关监管倾向于现场实际监管；稽查比较注重合规管理以及后续监管；缉私则是对走私违法犯罪行为进行严厉打击。

（2）关检融合。自2015年起，为了进一步贯彻《落实"三互"推进大通关建设改革方案》，按照《海关总署 质检总局关于印发〈2015年继续全面推进关检合作"三个一"工作方案〉的通知》及工作方案，满洲里海关、内蒙古出入境检验检疫局（简称"关检双方"）经协商决定进一步深化关检合作，在2014年全面推进关检合作"三个一"工作的基础上，继续全面推进关检合作"三个一"工作。

随后满洲里海关、满洲里出入境检验检疫局达成了《关于落实口岸关检"三互"合作的协议》，为中俄海关外部协同打下基础。

为了加强协同治理，实现贸易便利化的发展目标，创造优质的对外开放环境，2018年国务院出台了相应的机构改革方案，明确提出了由海关总署负责出入境检验检疫管理职责。时至今日，关检融合拓展到了全国范围，而起步较早的满洲里海关等也在中俄海关协同治理的内部有效建设方面，步伐更加坚定。

3.协同能力

在三元推动引擎中，协同能力是最为核心的部分，直接影响协同治理各参与方之间的利益分配，其中，协同能力强的主体将占有更有利的谈判优势。

（1）学习：中俄海关协同治理需要建立在充分的沟通和相互理解之上，不管是对于各自特色的通关政策还是各自优势的产业领域，都需要加强彼此之间的平等借鉴，那么以培训为主要方式的学习过程必不可少。

（2）领导力：中俄海关协同治理贯彻"和平合作、开放包容、互学互鉴、互利共赢"的丝路精神，倡导人类命运共同体，这种协同理念恰好迎合了协同治理的共赢理念，实现了"1+1>2"，这体现的就是一种协同团队领导力。

（3）机制设计：在外部环境的劣势体制条件下，新建制度将主要围绕其展开针对性设计，从而丰富制度层面的中俄海关协同能力，同时力求做到将这些体制劣势与机制设计中的角色架构、规则设计、利益平衡相对应进行修正（如图6-9所示）。

①角色架构方面：中俄双方应当是平等互助的关系，互助者应当提供己方力所能及的帮助。设施联通建设重点工作：一是设计发展蓝图，鼓励建立多方面和多层级沟通机制，增强互联互通，相互信任；二是总体规划研究，争取互联互通项目列入各国的基础设施建设规划，确定主要通道布局、分支

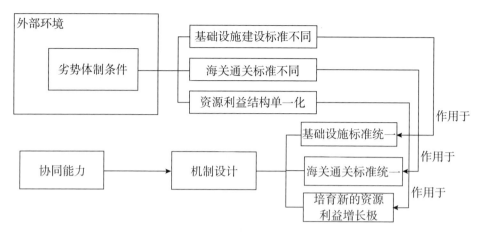

图 6-9　中俄海关协同机制设计与劣势体制条件的对应关系

线路方案，确定重点项目、实施建议等，务求平衡各方利益；三是项目线路设定及技术标准统一，梳理有关影响设施联通的堵点，收集轨距等数据，确保解决"联而不通，通而不畅"的症结。设施联通建设的角色架构只是以点带面，需要在各个不同的协同区域找准自身角色，精确定位，设计更完善的机制体系。

②规则设计方面：中俄海关协同需要统一的通关和风险认定标准，才能够在快速通关中达成一致，这就涉及通关政策和相关协同机制的统一。两国海关应以相互服务为己任，全力推动各项改革政策落实，着力提升通关便利化水平，对通关作业流程进行优化，对货物、商品以及人员进行监管以及合理地配置人力资源。

③资源共享与利益平衡的统一：搭建东线亚欧国际大通道，大通道辐射经济区域各有优势、各有特色，但也各有劣势和不足。大通道的搭建为各区域间实现优势资源互补和整合、有效延长产业链、提升产业竞争力提供了新的机遇。要敢于打破常规、兼容并蓄、博采众长，充分整合特有优势，突出特点，促进资源的合理流动，避免同质化竞争；要以合作共赢的态度，推动各区域间的合作，建立起长效合作的体制和机制，不断拓展合作领域与范围，培育新的增长极。在此过程中，海关将进一步搭建深化合作的平台，加

强与兄弟海关的联系配合，加强与口岸相关部门的沟通协调，共谋发展；深入推动中俄海关协同治理，助推互联互通水平的提升。

（4）资源：考虑到中俄海关协同模型的科学性，有必要将中俄海关协同的各自优势产业资源挖掘出来。根据中俄双方的显著比较优势指数（RCA指数）和G-L指数统计，笔者对俄罗斯的显著比较优势产业进行整理和研究，发现俄罗斯具有显著比较优势的劳动密集型产业为木及木制品等，俄罗斯木制品相关产业竞争优势在2009—2011年间有微弱下降之后较为稳定；俄罗斯的优势产业为林业与种植业，主要出口未加工的木材。然而，作为世界上最大的森林国家，俄罗斯木材精深加工水平远远落后于发达国家，森林工业在发展的过程中缺乏资金的支持，也没有足够的设备作为支撑。

俄罗斯具有显著比较优势的资本密集型产业包括矿物燃料、矿物油及蒸馏制品等。其中，矿物燃料、矿物油及蒸馏制品的RCA指数在2012年开始显著提高，2014年达到5.48，2015年达到6.18并且持续增长。

俄罗斯拥有丰富的自然资源，其中45%的领土覆盖森林，森林分布在远东、西伯利亚及欧洲部分北部平原，森林林木种类主要是针叶林，树种有落叶松、云杉、雪松、冷杉等，占俄罗斯森林总面积的80%。

钾盐、稀有金属、有色金属等储量丰富，磷灰石占世界储量的64.5%，铁占世界储量的32%，镍占世界储量的31%，钴占世界储量的21%，锌占世界储量的16%，金刚石占世界储量的26%。根据中国海关数据，我国大约46%的进口精炼镍来自俄罗斯。天然气储量更是居世界首位，目前，陆上有六个富气区，在北极、远东大陆架和里海海域也发现了大型气田。

中俄可以根据各自现有优势进行资源互补，比如中方可以提供工业制成品以及资金援助来弥补俄方森林工业中现代化森林设备和森林道路设施不足的短板，俄方可以提供其丰富的初级资源，包括天然气、林木、金属制品等。

（四）中俄海关协同治理的协同行为

笔者将中俄海关进行的特定商品监管结果互认合作项目、AEO互认制度、

"绿色通道"项目信息交换系统、国际邮件、能源合作等作为协同行为分析的重点，分为制度协同、技术协同、领域协同等进行分析，将中俄贸易往来频繁的满洲里海关作为行为分析的具体关区进行考量。

1.制度协同

（1）中蒙俄经济走廊规划建设方面：针对中俄开展"一带一路"倡议的设施联通短板，中俄大力建设中蒙俄经济走廊的铁路、天然气管道和电力干线建设，俄罗斯方面计划将远东及贝加尔地区的发展规划与中蒙俄经济走廊建设规划结合起来。

（2）满洲里海关推进工作方面：满洲里海关采取积极措施，全面推进关区重点工作——中俄海关特定商品监管结果互认合作项目。一是调研学习。2016年3月，满洲里海关组织监管通关处人员赴哈尔滨绥芬河海关实地学习考察，了解该关在中俄监管结果互认工作方面的落实情况，以及实际货物车辆运行情况，通过实地考察学习，拓展了该关开展中俄海关特定商品监管结果互认工作的思路并汲取宝贵经验。二是制定流程方案。监管通关处于2016年4月制订了《中俄海关监管结果互认实施方案》和《中俄海关监管结果互认操作规程》，细化系统推进步骤、明确各部门职责分工、顺畅各有关部门联系沟通渠道。三是组织业务培训。监管通关处先后4次深入十八里办公路口岸，指导开展政策宣讲及系统操作培训工作，讲解中俄监管结果互认项目操作流程，明确各科室主要工作环节、载货清单的填制规范等，了解现场存在的实际困难和疑惑，及时有效帮助解决实际困难，提前做好通关车辆的模拟演练。

（3）AEO互认制度工作方面：目前监管互认合作的关注点是AEO互认。截至2023年6月，中国已与新加坡等52个国家（地区）签署AEO互认安排，其中共建"一带一路"国家（地区）35个，互认协议签署数量和互认国家（地区）数量保持全球"双第一"。

中俄两国海关共同建立了AEO制度，开展AEO互认的前提条件已具备。两国如能最终实现AEO互认，给双方优质企业带来的直接利好是便利通关、降低通关成本、减少通关时间，有助于双方经贸更好发展，提升全球贸易安全与便利化程度。中俄政府总理定期会晤委员会海关合作分委会第六次会议继续讨论了风险管理实施进程中的有关实际问题，包括从事对外经济活动人员（以下简称外贸企业）的分类管理和 AEO 制度运行的问题。双方同意成立专家组，对外贸企业归入违法低风险级别企业应用的分类、分析方法和分析标准等问题进行详细研究，以应用于简化和加快海关监管进程，双方同意交换部分低风险企业名单，并对其进行风险分析评估，切实推进 AEO 制度互认。

中俄 AEO 互认已经在 2019 年 4 月 25 日第二届"一带一路"国际合作高峰论坛中被提上议程。2022 年 2 月 4 日，中国与俄罗斯双方海关签署《中华人民共和国海关总署和俄罗斯联邦海关署关于"经认证的经营者"互认的安排》。

海关总署十分重视海关国际协同治理中上层建筑的设计和执行，制定了《中华人民共和国海关总署和俄罗斯联邦海关署关于深化中国海关总署东北地区边境海关和俄罗斯海关署远东海关局及西伯利亚海关局边境海关合作纲要》的落实措施，包含了边境直属海关年度工作会谈以及边境直属海关执法合作年度工作会谈，长春海关、哈尔滨海关与远东、西伯利亚海关局联席会谈等会议计划，约定每年开展不少于一次，轮流在中方、俄方举行。

2.技术协同

（1）"绿色通道"信息交换系统：2014 年 10 月 13 日，中俄海关署长在莫斯科会谈结束后签署了《会谈纪要》（以下简称《纪要》）。会谈中双方所达成的补充协议为《纪要》的附件。其一，双方商定，根据 2014 年 9 月 15 日签署的《信息交换技术规程》完善程序软件，于 2014 年 12 月 10 日前进行"绿色通道"项目信息交换系统测试。其二，双方商定，交换关于扩大海关监管结果互认试点新商品种类和增加参与口岸及修订《中华人民共和国海关总署和俄罗斯联邦海关署关于开展特定商品海关监管结果互认的议定书》的建议。其三，中方提议 2015 年在中国举行"丝绸之路经济带"沿线国家海关贸易便利化研讨会，并邀请中俄铁路代表参加。俄方支持中方提议并表示积极参加上述活动。

满洲里海关落实好海关总署和俄罗斯联邦海关署对特定商品海关结果互认的议定结果，设计优先通关关封封志。2016年8月，完成设计并大量印刷用于中俄监管结果互认项目的"载货清单"、关封，设立好用于传输数据的电子邮箱网址，做好监管结果互认项目基础保障工作。

（2）卫星导航系统应用：2018年12月，在中俄国际道路运输事务性会谈中，中俄双方商定，双方技术专家将于2019年年初在俄罗斯举行会谈，或通过其他形式就北斗—格洛纳斯卫星导航系统在国际道路运输动态监控应用问题上进行技术磋商，并向双方主管部门报告，双方同意商定中俄政府间国际道路运输协定第九条第四款的实施时间。

3.领域协同

（1）国际邮件海关监管协同：2014年10月，中俄海关署长在莫斯科会谈结束后签署了《会谈纪要》。在补充协议中，中方建议交流国际邮件海关监管方面的经验，并对俄罗斯海关与俄罗斯国有企业"俄罗斯邮政"之间的信息合作经验研究展现浓厚的兴趣。

俄方提议举行专家会谈，讨论国际邮件和跨境电子商务监管以及实现海关与邮政企业的信息合作等问题。

（2）能源协同：中俄两国在经贸合作的重点领域能源资源方面，秉持互利共赢原则，合作模式趋向上中下游一体化，俄罗斯出让权益，而中国向俄罗斯出让收益。

2016年1—10月，中国从俄罗斯进口了4283万吨原油，俄罗斯成为我国最大的原油供应国。2017年，中国华信能源有限公司收购了俄罗斯国家石油公司4.6%的股份，成为这家世界上最大的上市石油公司的第三大股东，每年拥有4200吨以及总量为26.7亿吨油气储量的石油权益。

（3）林木业协同。由中航林业有限公司实施的中国与俄罗斯托木斯克工业工贸合作区以及由黑龙江省牡丹江龙跃经贸有限公司实施的俄罗斯龙跃林业经贸合作区是典型代表。前者规划年采伐木材450万立方米，加工符合国际标准的板材、胶合板、密度板等各类木制品，以满足国内外市场需求，已建有阿西诺、捷古里杰特、马林斯克三个园区，另外两个园区托木斯克、白亚尔园区正在筹建中。后者规划建设阿木尔园区、帕斯科沃园区、伊曼园区和丘古耶夫卡园区，四大园区功能各有侧重，产业互动，实现了木材资源综合利用的全产业链建设，目前已吸引国内15家企业入驻。

（五）中俄海关协同治理的协同成果

协同成果作为协同治理的首轮终端反馈，更是第二轮协同开始的钥匙，需要厘清其与其他协同要素之间的关系（如图6-10所示）。

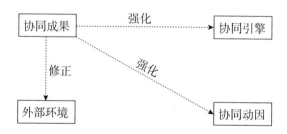

图6-10　协同成果与其他协同要素之间关系示意图

协同成果会修正外部环境。这里的外部环境是指作为新一轮协同开始背景的外部环境。比如达成了某些贸易协定和通关制度，这些为了最初的协同目标做出的协同行为在相关目标达成后便成为再次协同开始前的外部环境（体制条件）。

协同成果会强化协同引擎。通过协同，参与了第一轮协同治理的各方在付出了"春耕"的辛苦后，将迎来"秋收"的喜悦。这种对于协同体系而言的积极影响将直接作为下次协同的良好经验，可以增进协同各方的相互信任，进而增强协同能力，给引擎"升级换代"。

协同成果会强化协同动因。有些协同成果不会在新一轮协同开始前先修正外部环境，而是会直接作用于协同动因。基于协同取得的成果在协同的模式下已经无法再独立分离出来，在一些正向的成果影响下，协同各方已经迫切地想要再次协同。

1.影响

（1）中俄海关监管结果互认促进了中俄两国总理之间的会晤，是推进"一带一路"建设的重要举措。2013年，中俄双方联合签订了《中华人民共和国海关总署和俄罗斯联邦海关署关于开展特定商品海关监管结果互认的议定书》，旨在深化中俄两国海关间的监管合作，让守法企业真正享受改革带来的实惠和红利。中俄监管结果互认合作项目能切实提高两国海关监管效率，为进出口企业节省通关时间、降低通关成本，必将为两国贸易发展创造更为便利的条件，有效促进两国在双边贸易上的互联、互通、互认。这一合作项目打通了中俄海关的信息壁垒，大大加快了通关效率，将协同的价值完美体现。

（2）中欧班列及 TIR 运输建设带来积极影响。近年来，满洲里海关将服务"一带一路"倡议作为中心工作，经过一系列努力，以满洲里口岸为中心辐射了8条中欧班列线路，覆盖了我国主要经济区域，是我国通往俄欧市场最便捷、高效、安全的陆路通道，为中蒙俄经济走廊打造了一条便捷的贸易通道。截至2023年7月28日，经满洲里口岸共计开行的进出境班列达到了227列，一共发行了1.95万个标准集装箱。

TIR 规定了统一的标准和框架，规范了成员之间的贸易活动，最大限度地为成员之间提供贸易便利。

在促进贸易便利化方面，TIR 系统因操作模式简单，得到了大范围的普及。集装箱货物运输使用的是 TIR 证件，起运地海关负责检查封存，全程运输过程中，过境海关只需外观查看 TIR 证件以及海关封印没有损坏就直接放行，到目的地海关才开箱检查，过境程序和时间大大减少。

在促进贸易安全方面，国际道路运输联盟对使用 TIR 系统进行运输的公司资质审核和认证需要经过严格的程序，只有经批准的承运人和车辆才可以使用 TIR 证进行跨境运输。根据国际道路运输联盟统计，2013年，TIR 单证运输货车约 300 万次，而其中有违规行为的仅100余次，主要问题均是偷逃关税、藏匿货物等追逐利润行为，暂未发现利用公路运输车辆进行恐怖主义等活动，TIR 系统在安全贸易方面表现突出。

在2018年12月19日召开的中俄国际道路运输事务级会谈中，俄方已经向中方提出后贝加尔斯克和波格拉尼奇内口岸也可以实现TIR运输的诉求。这种需求导向使得协同成果对协同动因以及协同引擎的强化作用更加明显。2019年5月15日，海关总署发布公告，决定在前期TIR试点的基础上，自2019年6月25日起全面实施TIR。

（3）新的能源协同模式带来积极影响，这是双赢的合作模式，既遵守市场经济原则，同时又可预防市场波动等风险，解决了两国在能源领域本来的尴尬博弈问题。同时，俄罗斯依托其能源产业优势可以交换到其他较缺乏的产业资源和多元化的经济增长极，这对于俄方打破"单一制城市"困局提供了直接助力。

2.评估

对一般的协同治理模型成果评估，或是看其是否取得了显著成效，或是看其是否获取了有效的过程。而站在海关国际协同治理的角度看，当协同主体代表不同国家利益的政权之时，笔者发现其评估变得很难。可以考量贸易通关效率提升了多少，但是无法考量作为中方的协同样板对其他国家海关协同起到多少帮助作用；可以考量协同的过程中签署了多少份协定、达成了多少份合约，但是无法考量中俄协同的影响有多么深远。唯一可以确定的是，当中俄海关选择协同、走向协同之时，本书的研究便是成功的。

3.责任机制

责任机制是由第三方机构发声，并根据评估结果来进行的。笔者在这里更倾向于将国际海关协同中的"问责"改为"责任机制"。只要两个国家海关间选择了协同，走向协同，开始协同，对于两国自身以及全球海关而言都是值得庆贺的。

第二节 多边组织合作国际协同治理的完善

本书对海关协同治理模型中相对缺失的海关领域和国际上较为前沿的海关协同方式进行阐述，以求对海关国际协同治理模型进行补充和完善。按照几大模型要素对几个典型的国家和合作较多的国际组织的有关部分进行分析，以求探究新模型的应用价值，特别是针对目前海关合作成效较好、体量较大的几个多边组织，如上合组织、东盟组织以及疫情防控协同合作的一些情况，一并展开分析和探讨。

一、上合组织协同治理的完善

上海合作组织，简称上合组织，其成员有中国、哈萨克斯坦、塔吉克斯坦、俄罗斯、吉尔吉斯斯坦以及乌兹别克斯坦。该组织始于区域安全合作，也重视区域间经贸往来和区域经济的合作。上合组织成立后出台了《上海合作组织成员国政府间关于区域经济合作的基本目标和方向及启动贸易和投资便利化进程的备忘录》的议定书、《上海合作组织成员国多边经贸合作纲要》。以上文件的出台也为上合组织成员的多边经贸合作提供了重要的法律基础。特别是在"一带一路"倡议提出之后，上合组织成员海关之间的协同合作更是显而易见。

（一）中国与哈萨克斯坦以外部环境为主的协同治理优化

我国境内与哈萨克斯坦直接相邻的直属海关为乌鲁木齐海关。笔者从体制条件入手，收集了相关资料，发现成员之间成立了具有优势的体制条件，打造了中哈海关乃至区域海关协同的良好外部环境，即海关工作组机制（上合组织目前建立了包括海关、过境运输在内的5个贸易投资便利化工作组，负责各国间相关合作事务的协调）。笔者以模型中外部环境的要素分类为抓手，找到了上合组织中资金融通的实际助力，即在中亚区域经济合作组织框架下成立海关工作组。因此，以中哈为代表的上合组织中多边协同的外部环境良好。

以良好外部环境为基础，笔者进而分析中哈两国海关的具体协同情况。一是在政府层面，中哈两国政府建立了中哈合作委员会，委员会内设口岸和海关合作分委会，由中哈双方轮流举办，就口岸管理和通关事务等合作内容进行磋商，解决存在的问题。二是在海关层面，自2002年以来，中哈海关逐步建立起海关总署、直属海关和隶属海关三级联络官机制，在不同层面均确定了联络官、联络员，并约定署级海关会议每2~3年举行一次，直属海关会谈每年举行一次，由双方轮流主办。特别是自2013年"一带一路"倡议提出之后，中方海关每年与哈方海关举行年度负责人会谈，由双方轮流主办，已连续举办了19次。年度会谈主要集中解决一年来双方合作中存在的突出问题，对上一年度双方合作情况进行总结评估，对下一年度合作做出安排。由于哈方位于欧亚班列途经地，具有良好且不可替代的地理区位优势，地理资源优势明显，不断完善的机制设计为中哈提供了良好的协同能力，中哈海关间有着一致的思想共识并且有效参与良好，三元协同引擎形成闭环，协同治理效果明显。

（1）中哈边境海关协同监管有序推进。自2017年1月1日起，双方已将第一阶段试点推广至所有中哈边境公路口岸。除此之外，双方口岸海关在监管、统计以及缉私等多个方面构建了完善的专项合作机制，结合口岸实际，开展了丰富多彩的文化交流、人员培训等综合性合作，这些内容相互拓展，立体丰富。

（2）"单一窗口"建设取得新成效。为贯彻落实2017年9月厦门金砖会议上习近平总书记提出的"要拓展金砖国家海关合作深度和广度，实现新型'单一窗口'建设"这一要求，乌鲁木齐海关与哈方海关就在中哈霍尔果斯国际边境合作中心共同使用联网监管平台为载体，推进中哈两国跨境"单一窗口"建设达成一致。自2017年11月至今，乌鲁木齐海关先后7次与哈方海关举行不同层面的工作会谈，就合作中心联网监管事宜进行商洽并签署了《会谈纪要》。

（3）协同治理，加强边境管控。按照海关总署落实"三个严防"的工作要求，我国海关，特别是乌鲁木齐海关积极与哈方共享缉私线索，基于共同打私目标开展良性协同，取得了显著的打私战果，有效履行了政治和安全把关职能。2016年5月，中哈边境海关开展了"打击毒品与濒危物种走私"联合专项行动，取得了显著成效。中哈边境海关商定，从2018年10月1日起至11月1日开展以打击中哈边境口岸毒品、濒危物种走私为主要内容的"哈萨克斯坦—中国边境海关'白莲'行动"。2013年12月23日，中哈巴克图—巴克特口岸农副产品快速通关"绿色通道"正式运行，自"绿色通道"运行以来至2018年，将通关时间压缩54%，2019年继续压缩21%，出口果蔬量占全部关区的42.23%，中哈海关协同效果显著。

（二）中国与吉尔吉斯斯坦以协同动机为主的协同治理完善

我国海关与吉尔吉斯斯坦海关正式建立了中吉边境直属海关合作机制。2015年9月，中方举行与吉、塔两国的边境海关工作会谈，为双方深化合作交流奠定了良好基础。当年12月16日，中吉吐尔尕特口岸、伊尔克什坦口岸相继开通了农副产品快速通关"绿色通道"。2017年2月22日，应吉方海关署邀请，中国海关代表团赴比什凯克与吉方海关举行了"中吉海关足球友谊赛"，开展了人文交流活动，增进了双方关员间的友谊和互信。在2019年中吉边境海关负责人会谈中，与吉方就农副产品快速通关"绿色通道"扩大实施范围进行了充分沟通，双方同意，扩大中吉口岸农副产品快速通关"绿色通道"的实施范围，确认了适用于"绿色通道"的清单目录。中吉双方海关商定在两国法律允许的范围内，对凡是贴有农副产品快速通关"绿色通道"标识的农副产品运输车辆都给予快速验放。

（三）中国与塔吉克斯坦以协同行为为主的协同治理完善

自2014年卡拉苏（中）—阔勒迈（塔）口岸临时开放以来，双方边境海关保持着定期会晤，并确立了机制化的合作关系，就推动口岸贸易通关便利、开展行政执法互助、打击边境走私、加强通关监管等方面达成了一致意见，虽然开展的协同并不系统，但这是中塔海关协同机制的雏形。2015年5月29日，中国海关与塔方在乌鲁木齐举行了工作座谈，在推动口岸贸易通关便利、开展行政执法互助、打击边境走私等方面取得多项共识，也积极促成了当年中塔边境海关负责人会谈，双方一致表示要将中塔卡拉苏—阔勒迈口岸海关协同打造成双方边境海关协同工作的典范。目前双方在TIR公路运输方面有新的进展，在协同成果上有较为明显的成效。

（四）以协同成果为主的多边协同治理完善

2020年6月18日，满载家用电器、灯具的中欧班列"中吉乌"铁—公—铁国际货运班列从伊尔克什坦口岸首次出境，驶向吉尔吉斯斯坦。该国际货运班列于6月5日从兰州东川出发，经铁路运至新疆喀什后，经公路自伊尔克什坦口岸出境至吉尔吉斯斯坦奥什，再经铁路运抵乌兹别克斯坦首都塔什干，全程运输历时7~10天。此次班列去程装运出口电器产品货值约260万美元，回程装运进口棉纱货值约100万美元，实现了真正意义上的点到点、重去重回往返运输，也是国内首趟采用"铁—公—铁"多式联运方式组织开行的中欧班列。

综上所述，上合组织多边合作中的协同治理案例对于海关协同治理模型的优化完善提供了更扎实的实践数据。

二、东盟组织协同治理的完善

1967年8月8日，东南亚国家联盟（Association of Southeast Asian Nations，ASEAN，简称东盟）在泰国曼谷成立，核心成员为新加坡、泰国、印度尼西亚、柬埔寨、马来西亚、菲律宾、老挝、文莱、越南、缅甸。

东盟覆盖地域面积约449万平方千米，总计人口超6亿（截至2017年年底）。东盟设有秘书处，位于印度尼西亚首都雅加达。"一带一路"倡议提出之后，成员方之间的海关协同治理纷纷开展并取得了有效成果。下面选取几个国家海关之间的双边治理来分析。

（一）中国与印度尼西亚的协同治理完善

1.从宏观政策背景上看

印度尼西亚是20国集团中唯一的东盟国家，是东南亚地区最大的经济体，经济增长率较高。"一带一路"倡议提出后，印度尼西亚提出了建设海洋强国计划，倡议积极建设"海上高速公路"，打造"全球海上支点"，从而促进印度尼西亚在亚太地区经济政治地位的提升，倡导将印度尼西亚建成全球文明枢纽。

从上述几方面来看，印尼方对于开放中印尼协同有着难得的积极意向，政策导向良好。但应当注意的是，全球海上支点战略侧重印尼方国内政治和经济发展。如果需要开展中印尼国际海关协同治理，按照构建模型分析，其对协同动因的动机诱发不显著，该点需引起重视。

2.从体制机制条件上看

2014年，印度尼西亚海洋法通过，使得印度尼西亚在经济建设总计划框架下得以继续开发和利用海洋资源。2015年，中国和印度尼西亚发表联合新闻公报，明确提出，双方应深入贯彻落实两国经贸合作五年发展规划，尽快签署优先项目清单。为支持印尼方全球海上支点发展规划，中方将积极参与印度尼西亚道路桥梁等基础设施建设互联互通，为相关项目提供金融支持，双方在诸多方面的体制机制已相对完善，对于开展协同已做好相关准备。

3.从协同适应性上看

2015年3月，在博鳌亚洲论坛年会上，中国与印度尼西亚联合提出，双方在"一带一路"倡议与"全球海上支点"构想中达成了共识，双方一致同意，要加快战略对接，尽快确定经贸合作优先项目，实现互利共赢，加强在产能、电力、光伏等重点项目及金融等领域的合作，其协同适应性良好。

综上所述，中印尼海关间协同治理的短板主要在于协同动因的动机诱发不显著，其余无明显问题。按照协同治理模型要素分析，中印尼海关间协同治理进阶的关键在于充分利用印尼方的积极意向，从协同动因的角度重点强化。

（二）中国与马来西亚的协同治理完善

中国与马来西亚双边治理关系长期友好，两国曾就共建"一带一路"进行了深入对接，双方同意在新起点上打造中马务实合作新格局，同时也发出了维护自由贸易、坚持多边主义的积极信号。

2018年，两国政府发布了增进合作的联合声明，这充分反映了两国之间的双边治理关系，主要有以下三个方面：

1. 从外部环境来看，重点围绕体制机制条件和协同适应性

两国政府发布的联合声明中提到，共同强化中国—东盟战略伙伴关系，从而促进东亚经济共同体的深入发展；共同积极推进海上务实合作；强化在联合国等多边机制内展开贸易合作，促进南南合作的持续推进。

2. 从协同动因来看，重点围绕相互依赖性

双方经济合作潜力大、互补性强，增进合作是共同的趋势。中国连续9年是马来西亚最大的贸易伙伴国，中国也是马来西亚制造业的最大投资国之一。

据商务部数据显示，2017年，中国与马来西亚双边贸易额达960.3亿美元，增长10.5%，占中国与东盟贸易额的18.7%。到了2018年，仅上半年，中马贸易额已达518.8亿美元，其中：中方进口302.4亿美元，中方出口216.4亿美元。2018年较2017年增速明显，且连续两年都是正增长，双边贸易向好发展。

上述数据可以印证，"一带一路"促进了双方之间的合作，是务实合作的主线。马来西亚想要通过参与"一带一路"来促进经济的增长，要实现这一目标就要实现互联互通，中国和马来西亚会努力贯彻落实《关于通过中方"丝绸之路经济带"和"21世纪海上丝绸之路"倡议推动双方经济发展的谅解备忘录》，并编制中国和马来西亚的《经贸合作五年规划（2018—2022）》，探讨制定相

关规划纲要。其中主要内容包含两部分：一是双方推进创新合作，以创新引领经济增长。二是双方着力务实合作，继续加强基础设施、产能、农渔业等领域合作。

3.从协同引擎来看，重点围绕思想共识

两国友好关系的基础是民众，夯实民众友好关系这一社会基础是增进政治合作、经济合作的需要，是打造长期友好双边关系的需要。

在两国政府发布的联合声明中，双方明确提出，通过旅游加强人文交流，促进经济的有序发展，提高两国之间的相互认可，强化相关业务的合作力度，正式将2020年定为"中马文化旅游年"，未来将加强两国议会、政党、民间组织往来，加强科教文卫等领域合作，加强妇女、青年、媒体、智库等交流，此举极大加强了相互信任。

综合上述，中马海关间的协同治理关键在于强化协同动因中的相互依赖性，侧重在信息通信技术、物联网、数据分析、人工智能、设计研发以及云计算等多个高层级技术领域实现合作。中国海关如需强化与马来西亚方面的协同治理，重点应致力于加强互联网经济、高层级技术方面的合作。

（三）中国与新加坡协同治理的完善

中国与新加坡最主要的协同治理是在技术协同方面。新加坡科技应用水平高，特别注重电子化技术在港口行业中的运用，主张以先进的电子设备装备港务服务项目。如港口内的船只调度、船只进出港指挥、相关计划、船只安全航行、日常业务、业务商谈等均采用电子化，达到提高效率的目的，节省大量人力成本，值得我国海关学习。

新加坡作为国际航运中心，科技应用水平高，能集合多个部门同时高效运作，其中包括政府机关、航空公司、金融与法律服务组织以及物流公司等，从而完成多元化的发展目标。与此同时，在高科技领域方面，也实现了电子信息系统的应用，具有代表性的为新加坡国际航运中心信息平台，主要是由两部分组成，即TRADENET与PORTNET。

新加坡实行自由港政策，为提升国际竞争力，新加坡与很多国家（地区）联合签署了自由贸易协议，涵盖了中国、美国、中东以及日本等多个国家及地区。自由港政策主要体现在自由贸易与自由通航等方面，境外货物或者资金可以实现自由进出，最大化地便利了货物的流通性，促使贸易成本有所减少，也对集装箱国际中转业务的发展产生了极大的促进作用，从而促使新加坡的国际影响力显著提升。毋庸置疑，在国际航运、金融以及贸易等业务领域中，新加坡占据了十分重要的地位。

2009年3月，时任海关总署副署长在访问新加坡的过程中，与新加坡关税局局长就AEO互认合作达成共识，明确了两国AEO互认合作"三步走"战略，主要体现在以下几个方面。首先，两国深入完善与AEO有关的认证标志与法律制度，打破合作壁垒；其次，在实施AEO的标准及政策方案时，明确其基本的合作导向与原则要求；最后，选择的试点企业与港口应符合规定要求，从而促进AEO互认合作的顺利开展。

中新海关的协同优势主要在于技术协同及制度协同上，两国海关之间的交流十分密切，共同展开业务合作，促进了AEO国际互认合作的有序开展。2010年2月、2011年12月，两国分别举行了2次会议，在会议期间实现了AEO制度书面对比。两国经过长时间的努力与尝试，在2019年6月末举办的WCO理事会年会上正式签订中新海关AEO互认安排。

第 七 章

"一带一路"背景下中国海关
国际协同治理的模型实践和检验

第一节　新冠疫情下的国际协同治理实践

一、协同治理的实践概况

新冠疫情以来，海关作为国家进出境监督管理机关，通过借助国际协同治理优化模型中一些要素功能的发挥，在不断充实稳外贸政策"弹药库"的基础上，发挥好国际贸易规则和技术性贸易措施的优势，推动我国产业把握新机遇、拓展新市场、培育新动能，打造我国外贸高质量发展"新引擎"。而稳定外贸，则必须稳住外贸的物流链，其中中欧班列成为重要抓手。2020年全年，中欧班列共成功开设1.24万列，我国铁路运输方式进出口总量增长11.4%，铁路运输有力保障了国际物流运输链条畅通；2020年6月，中欧间TIR运输已直通亚欧28国，形成了高效、直通、快捷的跨境公路物流网络。2021年1月15日，中欧班列首列成渝号成功抵达东欧转运中心。

二、中国海关积极开展国际协同

（一）AEO制度的现实意义

新冠疫情波及世界上大多数国家，运输中断、贸易通道不畅让很多进出口企业意识到供应链稳定的重要性。事实上，充分利用好AEO认证，不管是对内部控制还是贸易安全，均具有很高的价值，这能够提升企业的内部管理水平和国际竞争力。AEO属于《全球贸易安全与便利标准框架》的一部分，它的含义是：海关以企业为基本合作对象，对守法、信用、安全程度较高的企业实施认证，为通过海关认证的企业提供通关便利，建立合作伙伴关系，达到互利双赢的目的。在中国，认证企业分为高级认证企业和一般认证企业。其中高级认证企业不仅在中国海关和国内相关部门享受便利措施，还可享受互认国家或地区海关的通关便利。

截至2023年6月，中国已与新加坡等52个国家（地区）签署AEO互认安排，其中共建"一带一路"国家35个，互认协议签署数量和互认国家（地区）数量保持全球"双第一"。AEO已成为企业走出国门的通关VIP，企业通过提升信用等级享受通关便利，有效拓展国际市场。

中国海关正积极推进与相关国家的AEO互认磋商，不断扩大AEO互认范围，为广大进出口企业争取更多便利，提升通关便利化水平。

综上所述，AEO企业对推动国际协同合作的现实意义不容小觑。

（二）新冠疫情是催化剂

新冠疫情发生以来，中国始终同国际社会开展交流和协同合作，积极分享疫情信息，加强高层沟通，积极进行科研合作，努力为国际组织和其他国家提供援助，为全球抗疫贡献中国智慧、中国力量。中国呼吁各方以人类安全健康为重，秉持人类命运共同体理念，携手加强国际抗疫合作。疫情在全球传播蔓延，人员流动、跨境商贸活动受阻，金融市场剧烈震荡，全球产业链供应链受到双重打击，世界经济深度衰退不可避免，国际社会联手稳定和恢复世界经济势在必行。

中国海关在共同维护全球产业链供应链的稳定、安全与畅通上积极作为，通过维护以世界贸易组织为基石的"多边贸易体制""减免关税""取消壁垒""畅通贸易"等措施，使全球产业链供应链安全顺畅运行。

三、中国海关国际协同治理的实践措施

2020年3月，为与世界各地海关共同合作抗击疫情，保证防疫物资的质量，中国海关总署通过国际协同发挥作用，连续并及时发布出口医疗物资相关的一系列监管新政策，具体如下。

（一）协同动因措施：治理合作、加强单证审核

海关总署公告2020年第53号是海关针对医疗物资的监管措施公告，在申

报系统中未对其中的19个HS商品编码设置出口商品检验监管条件。海关采取电子审核加人工审单的方法处理海关总署公告2020年第53号涉及的申报单证。中国海关携手各国协同合作，对医疗器械产品注册证书和质量安全承诺书进行严格审核，重点审核是否存在缺失、冒用、伪造医疗器械产品注册证书的情形，核对证书编号是否与国家药监局网站一致，以确保产品质量合格。

（二）协同引擎措施：数据共享、严厉打击违法违规行为

海关对存在质量安全问题的出口防疫物资依法依规实施快速处置，向各国共享海关的相关数据，对发现企业有出口防疫物资伪瞒报、夹藏夹带、掺杂掺假、以假充真、以次充好等违法行为，依法依规进行严厉查处；涉嫌犯罪的移送地方公安机关追究刑事责任。企业的违法情况将纳入企业信用记录，并作为海关风险管理和信用管理的重要依据；海关将相关信息共享至全国信用信息共享平台，由有关部门对海关失信企业实施联合惩戒。上述政策提升了优化模型的协同能力，其成效也是有目共睹，得到了世界各国广泛认同。

（三）协同行为措施：技术共享、严格现场查验

出口法检医疗物资应当符合进口国（地区）的要求，对进口国（地区）无质量安全标准要求的，应当符合我国质量安全标准。海关现场查验部门协同出口地海关技术共享，根据布控指令实施查验，对发现异常的实施彻底查验，必要时抽样送有资质的实验室检测。

（四）协同成果措施：加强口岸疫情防控国际协同治理

面对疫情，我国一直以来都坚持和积极倡议构建人类命运共同体，倡导所有的国家联合起来共抗疫情。为了社会稳定和疫情防控，我国倡导加强对口岸的防控力度。海关更需要加强疫情监测工作、促进信息共享、不断加强技术交流。

四、中国海关国际协同治理的合作孵化

从开展国际协同研究以来，笔者最深的感受是中国海关一直致力于不断提升海关现代化建设。其中，"十四五"期间，中国海关将在人才培养、学科专业建设、队伍建设、教学科研项目立项、资源保障等方面给予海关院校支持，而最显著的实效措施体现为推动海关院校国际化办学步伐，提升中国海关的国际办学水平，增加国际间海关的协同交流，同时也意味着中国海关教育培训工作进入了新的发展阶段，这将作为社会主义现代化海关建设的重要组成部分，进一步明确发展目标。上海海关学院概览如图7-1所示。

图 7-1　上海海关学院概览

2021年3月，中国海关明确了上海市浦东新区临港大道11号作为上海海关学院临港国际校区，项目占地总面积约2.3万平方米，项目总投资超2亿元，中国海关每年提供运营保障经费0.3亿元（上海海关学院是中国海关直属唯一一所高等学府，主校区位于上海市浦东新区，占地面积35万平方米）。新设的临港国际校区主要围绕国际办学来开展各项教学活动。这表明了中国海关在推动国际协同工作中，做出了一项非常有力的实效举措，今后很多的国际

海关合作培训、协议谈判和签订都将在此进行，以"教育"为另一个切入口促国际协同，并将成为国际合作很好的孵化基地。

由于中国政府的大国担当、有效治理，新冠疫情在我国得到了一定的控制。我国海关也审时度势，及时调整和出台相应措施，和世界各国海关协同合作。2020年第一季度，我国对东盟和"一带一路"沿线国家和地区进出口逆势增长，不仅对稳定我国外贸基本盘起到重要支撑作用，更体现了中国的制度优势。而中国海关与其他各国（地区）海关的国际合作，也在这次世界疫情防控中逐步获得了更多的成效。

第二节　国际协同治理模型的实践和检验

一、运输工具、商品协同监管等协同动因试行和检验

协同动因检验要素如图7-2所示。

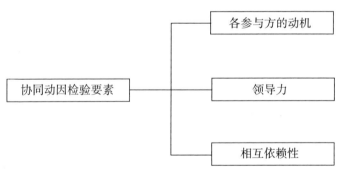

图 7-2　协同动因检验要素图

（一）运输工具、商品协同监管

1.中俄海关协同治理的动因试行和检验

协同合作方：中国哈尔滨海关与俄罗斯远东海关局。

（1）参与方的动机：以运输工具为单位，实时共享运输工具备案信息、导航数据、舱单数据、辐射探测预警数据、物流数据、集装箱扫描设备扫描图像等，加快通关速度，减少重复查验，节约通关成本，提升协同监管的智能化水平。

（2）领导力：为实现数据实时传输，双方必须在统一的领导下，依托"一带一路"海关信息共享平台开展运输工具协作监管，有效解决信息实时交换的安全性、完整性问题。

（3）相互依赖性：通过搭建实时信息共享平台，依托双方良好合作基础，巩固已有合作机制，形成线上线下目标一致、边境管理责任共担的管理格局。

（4）协同成效：整合了口岸联检部门数据，实时共享信息，在预先信息智能化比对和风险分析基础上开展协同监管，减少人工干预，让口岸的通关效率不断提升，还有助于提高海关监管的效率，打造智能化的边境，实现联检执法无缝对接。

2.中南（非）智能海关监管协同的动因检验

协同合作方：中国厦门海关和南非德班海关。

（1）参与方的动机：双方通过借鉴中欧"安智贸"运行模式、监管流程、合作机制等成功经验，聚焦探索建设中南（非）智能海关监管合作机制。

（2）领导力：一是南非海关智慧海关建设基础较为薄弱，需通过能力建设、协同攻关等帮助南非海关夯实智能监管基础；二是中南（非）海关治理理念、管理模式存在差异，需协调双方共同推进；三是项目合作需中国海关总署职能司局的指导支持。

（3）相互依赖性：依托"一带一路"海关信息交换共享平台，以能力建设、专题攻关为抓手，在厦门海关与德班海关间构建口岸智能海关监管合作架构，通过探索运用区块链技术解决供应链相关各方上链信任问题，努力推动相关各方上链共享信息、共享资源，并选取企业开展合作试点，总结经验，复制推广，逐步探索适合中南（非）乃至中非智能海关监管的合作机制。

（4）协同成效：通过建立双方智能海关监管合作机制，加大科技手段应用，提升双方口岸监管智能化、信息化、集约化水平，提高监管成效，集约资源效率，降低廉政风险，改善营商环境，逐步拓展建全中南（非）智能海关监管协同合作机制以及合作实施路径。

（二）智能监管比较

以中韩旅检智能化监管比较研究的试行和检验为例。

协同合作方：中国南京海关与韩国大邱海关。

（1）参与方的动机：对双方旅检流程、作业手续开展比对，选取旅检实例，开展桌面推演。

（2）领导力：在比较研究过程中指导双方在管理理念、旅检监管环节设置等方面实现整合和统一。

（3）相互依赖性：通过实地调研与深入研讨，构建、完善评估报告。同时，邀请相关航空企业参与项目，验证、扩大合作成果。相互协同依赖，持续优化海关旅检流程，促进旅检安全与便利。

（4）协同成效：通过分析对比，形成双方旅检流程的评估报告，进一步优化江苏口岸旅检通关环境。

（三）商品监管协同

1.中英重点商品监管年度联合行动的试行和检验

协同合作方：中国广州海关、英国皇家税务与海关署、英国边境部队管理局。

（1）参与方的动机：以广州海关南沙港与英国费利克斯托港等海港以及白云机场与希斯罗机场为指定口岸，每年议定重点关注的商品清单，在约定时间内分批次交换清单商品的出口数据。

（2）领导力：重点商品监管年度联合行动涉及商品门类及数据项较多，双方领导持续支持信息清单不断扩展丰富，部分商品信息需经过双方领导和相关部门审批。下一步将积极推动相关商品信息互换授权，进一步丰富信息交换的内容。

（3）相互依赖性：双方将对方出口数据与本国进口数据进行对碰，有的放矢进行风险研判，相互依赖、同步开展后续监管；开展基于监管信息互换的风险联合研判，实施紧密有效的跨境监管，提升双方边境安全智能防控水平。

（4）协同成效：双方通过交换重点商品出口信息，结合本国进口数据，以信息链条的闭环实现数据的对碰分析，增强共同打击非法贸易、保护政府税收的力度，实现边境协同治理。

2.中肯卫生检疫合作的试行和检验

协同合作方：中国海关总署卫生检疫司和肯尼亚共和国卫生部下属环境健康局。

（1）参与方的动机：围绕口岸重大传染病和突发公共卫生事件应对能力建设，协助肯方加强卫生检疫新科技应用，升级硬件设施、完善软件系统，建设口岸卫生检疫智慧体系。

（2）领导力：该项合作处于起步阶段，需要在中国海关总署相关司局的指导下进一步与肯方加强交流，大力推进项目建设。

（3）相互依赖性：在此基础上，构筑境外疫情疫病监测体系，开展重大传染病和突发公共卫生事件联防联控，建设卫生检疫智能化边境。

（4）协同成效：协助肯方加强口岸卫生检疫智慧能力建设，缩小两地海关防疫水平发展差距，从源头收集疫情疫病信息，助力中方建立境外疫情疫病监测体系，实现重大传染病和突发公共卫生事件联防联控。

3.全球溯源体系及全球溯源中心建设

协同合作方：联合地方政府与相关国家政府组织、行业协会、企业、消费者等共建共享。

（1）参与方的动机：全球溯源体系及全球溯源中心是落实《粤港澳大湾区发展规划纲要》的重大项目平台。全球溯源体系通过采集商品从生产、贸易、流通直至消费者的全链条信息，实现商品多维信息的传递，搭建各国

（地区）政府部门、企业和消费者共建共享的商品溯源平台。

（2）领导力：全球溯源中心建设涵盖了口岸通关、质量管理、国际贸易通行规则创新等方面，需要联合地方政府加大统筹力度，不断提升项目综合效能。

（3）相互依赖性：以全球溯源体系为基础，与地方政府共同推进全球溯源中心建设，相互依赖和支持，将打造一个可以实现集溯源展示功能、学术研究功能、数据监控功能、业务运作功能、公共培训功能、国际交流功能以及风险分析功能于一体的综合性多功能公共服务平台及公益性实体中心。

（4）协同成效：全球溯源体系方面，按照地方政府主导建设，海关提供业务和技术指导，社会组织共同参与的原则，在海关原有系统的基础上，建设形成面向国际、符合各监管部门需求、覆盖境内外生产贸易全链条、服务于各参与方和消费者的一体化平台。全球溯源中心方面，预期建成集溯源展示、业务运作、数据监控、产业培育、风险分析、智能预警、公共培训、国际交流、学术研究于一体的现代化综合型多功能实体中心，该中心将被用来集中展示海关智能溯源工作。

二、大数据平台、数据交换等协同引擎试行和检验

协同引擎检验要素如图7-3所示。

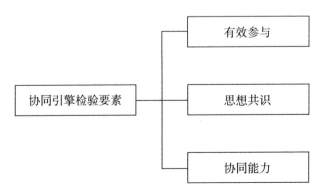

图7-3 协同引擎检验要素图

（一）大数据平台协同

1.中荷跨境贸易大数据平台联合应用的试行和检验

协同合作方：中国上海海关与荷兰鹿特丹港海关。

（1）思想共识：协商制订到货前安全准入信息交换方案，根据每年议定的重点关注商品开展数据交换并同步评估数据可用性，就双方数据匹配情况开展研究。

（2）协同能力：受欧盟《一般数据保护条例》（GDPR）限制，目前荷方暂无法与中国海关开展全方位数据交换，需要双方领导的支持和引导。

（3）有效参与：启动大数据平台荷方数据接口开发建设，尝试将数据纳入平台"大数据池"统一管理，并开展荷方企业参与大数据平台建设应用初步探索。

（4）协同成效：建立数据交换常态化机制；尝试实现荷方数据接入大数据平台，进一步丰富平台的外部数据多样性，拓展数据容量；在对荷方数据可用性研究基础上，通过大数据平台多维数据比对，探索开展自鹿特丹启运货物的到货前安全准入风险分析，力争在精准识别风险，进一步强化安全与便利方面取得成效。

2.中荷空运安智贸合作的试行和检验

协同合作方：荷兰史基浦机场海关与中国广州海关。

（1）思想共识：在中欧安全智能贸易航线项目（安智贸）的框架下，与荷兰史基浦机场海关加强安智贸空运航线合作。

（2）协同能力：一是双方开展的数据交换均为手工录入进行，暂未开展安智贸自动数据交换，对数据交换时效性、数据数量和质量都有一定影响。二是"两步申报"通关模式和"两段准入"监管模式改革刚刚启动，加快检验检疫流程的情况较为复杂，需在总署相关司局授权和指导下开展。

（3）有效参与：一是双方共同选取企业参与安智贸项目，增加安智贸易航线数量；二是双方开展数据交换，给予企业相应通关便利；三是双方考虑将机构改革后检验检疫流程纳入合作范围，优化通关流程，缩短通关时长；四是双方开展将跨境电商纳入安智贸试点的可行性研究。

（4）协同成效：通过关际合作平台积极推进空运安智贸项目，拓展安智贸空运航线，争取成为中欧安智贸第三阶段合作的典范。

（二）数据交换协同

以中欧班列（中国成都—波兰罗兹）报关数据交换项目的试行和检验为例。

协同合作方：中国成都海关和波兰罗兹海关。

（1）思想共识：双方在关际合作框架下通过邮件不定期交换风险信息。

（2）协同能力：罗兹海关使用"一带一路"海关信息交换共享平台需要获得波兰国家税务局审批授权；中国海关需在"一带一路"海关信息交换共享平台增加关际合作数据交换模块。

（3）有效参与：双方将选定试点企业定期交换中欧班列运载货物报关数据，并探索使用"一带一路"海关信息交换共享平台，力争实现数据实时交换。

（4）协同成效：提高中欧班列监管智能化、透明化和协同化水平，减少重复查验，确保数据传输安全，实现中欧班列货物快速通关，提升"一带一路"共建国家（地区）海关在贸易安全与便利方面的智能合作水平。

（三）陆海联运协同

以陆海联运业务交流合作项目的试行和检验为例。

协同合作方：中国深圳海关和希腊比雷埃夫斯港口岸海关。

（1）思想共识：比雷埃夫斯港是中欧陆海快线的重要衔接点，深圳在盐田港开启中欧班列，为中欧贸易往来提供重要的便利通道。

（2）协同能力：中国深圳海关与希腊海关方面签订谅解备忘录，全面开展关际合作。

（3）有效参与：双方本着平等互利、优势互补的原则，在互惠互利的基础上，统一整合优势，发展深圳港口至希腊港口的物流，进一步促进"一带一路"互联互通、拉动外贸增长、推进大湾区建设，并通过海铁联运、平台化建设、产业化运营，服务制造、贸易、电商等行业企业。

（4）协同成效：通过加强陆海联运业务执法交流，相互学习借鉴通关便利措施，对于推动粤港澳大湾区企业更好借助中欧陆运快线发展欧洲市场、提升深圳中欧班列运行效能提供了宝贵经验。

三、农副产品通关、旅客智能通关等协同行为的试行和检验

由于协同行为的要素相对比较抽象，故不用图表来反映。其包括：面对面对话、建立信任、投入热情、共同达成目标。

（一）农副产品通关协同

1.中哈、中塔、中吉农副产品快速通关"绿色通道"的试行和检验

协同合作方：中国乌鲁木齐海关和哈萨克斯坦财政部国家收入委员会、塔吉克斯坦海关总署、吉尔吉斯斯坦海关署。

（1）面对面谈话：周边国家口岸基础设施薄弱，海关监管设施和科技装备应用水平有待提升。

（2）建立信任：积极开展科技设备应用交流，加强硬件设施和软件系统建设。在优化通关作业流程方面，结合自身发展水平和业务需求，加强硬件设施和软件系统建设，实现监管过程智能化。

（3）投入热情：分别在中哈巴克图—巴克特、霍尔果斯—努尔饶尔，中塔卡拉苏—阔勒买，中吉吐尔尕特—吐尔尕特、伊尔克什坦—伊尔克什坦口岸与哈、塔、吉3国开通了5条农副产品快速通关"绿色通道"，对贴有"绿色通道"标识的农副产品运输车辆快速验放，有效促进农副产品进出口贸易。

（4）共同达成目标：通过科技装备应用和提升能力建设，最大限度缩短通关时间，促进贸易便利化。

2. 中哈霍尔果斯国际边境合作中心联网监管信息共享平台的试行和检验

协同合作方：中国乌鲁木齐海关和哈萨克斯坦财政部国家收入委员会。

（1）面对面对话：为充分激活和释放中哈霍尔果斯国际边境合作中心（以下简称合作中心）的税收优惠政策，实现海关对进出合作中心货物和物品及旅客购物的智能化监管，2017年2月，哈方与新疆电子口岸共同开发合作中心进出物品（货物）联网监管平台，通过旅客个人身份信息与购物信息的绑定，实现海关对进出区旅客购物活动的联网监管。目前中方区域照此模式开展监管。

（2）建立信任：因系统采集消费者及其购买商品的信息通过专门电子标签或个人身份证件录入系统，需在相互信任的情况下，对两国政府间关于合作中心的管理协定书进行修改。

（3）投入热情：未来将投入更大的热情和精力，积极推动哈方区域正式使用该平台，以实现边境协同监管和跨境合作的智能化。通过跨境监管资源共享手段，深化国际贸易"单一窗口"建设。探索跨境信息智能推送、违规智能处置、案件协查的可行性，共同应对边境保护面临的挑战。

（4）共同达成目标：该平台正式上线运行后，双方可通过该系统进行信息实时传输，实现数据共享共用，构筑区域内完整闭合的监管链条。未来将根据实际需求完善数据库建设，开发违规智能处置、案件协查等模块，推进边境各相关方的信息共享，实现边境协同监管和跨境合作智能化。

（二）旅客智能通关协同

以中荷旅客智能通关交流合作的试行和检验为例。

协同合作方：中国北京海关和荷兰史基浦机场海关。

（1）面对面谈话：在WCO合作框架下，北京大兴国际机场海关与荷兰史基浦机场海关以旅客智能通关系统为基础，运用大数据及风险分析方法，实现在有效监管的前提下旅客无感通关。

（2）建立信任：智能通关系统中人脸识别功能需清晰的旅客正面照片，

双方海关需建立安全、实时的数据传输渠道；中荷双方需通过协商建立黑名单库，并制定统一的数据录入、查询方式。

（3）投入热情：一是双方海关加强沟通与交流，通过互学互通，优化旅客智能通关监管方式；二是建立顺畅的信息交流渠道将违法违规风险信息及时通报对方海关，如办理大额离境退税、携带大额现钞出入境以及转机旅客风险提示等；三是双方海关建立缉毒、反恐、查缉濒危动植物走私等信息预警机制，加强海关工作的国际合作；四是建立中荷航线违法违规案件黑名单库，双方数据共享，以便及时查处走私违规团伙。

（4）协同成效：通过加强双方智能通关交流合作，减少中荷航线违法违规情事发生，优化旅客通关环境；通过缉毒工作国际合作，打击毒品跨国运输，净化中荷空运环境。

四、查验结果、智能审图等协同成果的试行和检验

（一）查验结果、智能审图、风险防控协同

1.查验结果参考互认项目智能升级版的试行和检验

协同合作方：海关总署广东分署和香港海关、澳门海关。

（1）影响：查验结果参考互认项目通过参考互认对方海关的查验结果，可以不用重复检查相同批次的货物。目前的做法是采取施加绿色关锁或在海关单证上加盖特定印章的方式对已查验货物进行识别，覆盖所有运输类型货物和查验方式。未来的影响是，为了解决风险布控与现场查验的脱节问题，将与香港海关、澳门海关创新边境治理理念，致力于实现对查验结果参考互认的实时信息共享。

（2）责任机制：为了实现香港海关、澳门海关数据自动导入内地海关业务操作系统，以便随时调阅或实现图像的自动比对，在海关总署相关司局的协同支持下，对数据实时交换渠道进行检验和问责。

（3）评估：通过双方实时信息交换和智能化数据应用，理顺流程，实现

智能化联合监管，风险管理部门一方在发出风险布控指令前可以调阅对方海关查验报告；查验部门一方可将对方查验报告作为参考，实施更有针对性的再次查验；对于非侵入式查验，可实时调阅对方图像进行比对，确认货物是否相符，最后进行评估。协同成果检验要素如图7-4所示。

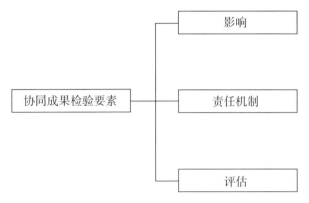

图7-4 协同成果检验要素图

2. 智能审图技术推广的试行和检验

协同合作方：海关总署广东分署和香港海关、澳门海关。

（1）影响：应香港海关、澳门海关的需求，海关总署广东分署为其提供智能审图技术应用的支持，将内地海关智慧监管的影响力推广至香港海关、澳门海关。

（2）责任机制：与香港海关统一智能审图技术应用标准。

（3）评估：推动内地海关智能审图技术在香港海关、澳门海关复制推广，三方合作提升机检图像智能识别的准确度，对人工智能算法等进行检验和评估，从而提升大湾区智慧海关建设水平。

3. 安全准入风险联防联控的试行和检验

协同合作方：海关总署广东分署和香港海关、澳门海关。

（1）影响：启动风险管理协同合作，对枪支弹药、毒品、"洋垃圾"、濒危物种、卫生防疫等共同风险领域，制定统一风险标准，实现数据跨境自动提取、自动传输、自动分发、自动应用、自动反馈，从而实现安全准入风险联防联控智能化。

（2）责任机制：为了实现风险联防联控，对风险数据实时交换定期检验和问责。

（3）评估：通过风险防控的智能化自动化联动，共同对大湾区安全准入风险进行研判和处置，并定期进行评估，从而促进大湾区货物、物品、运输工具流通的安全与便利。

4.推动粤港澳大湾区国际贸易物流供应链互联互通的试行和检验

协同合作方：粤港澳大湾区机场群、航空航运公司、进出口企业、代理中介、地方政府、口岸查验单位等跨境物流供应链相关方。

（1）影响：支持地方政府建立"水上巴士"信息交互平台、"香港—珠海贸易便利化电子平台"（以下简称港珠平台）等跨境平台，为海关收集航线、船期、舱位、报价、订舱、港口机场动态等物流信息，开展以信息为基础的智能化风险管理。

（2）责任机制：平台处于建设当中，涉及多方，项目落地仍需地方政府主管部门加大统筹力度。

（3）评估：将使用区块链技术、大数据分析和语言自动翻译等先进科技，整合大湾区的报关、报检、物流及供应链程序，实现粤港澳大湾区跨境物流运作全程无纸化，减少企业重复录入数据，构建与粤港澳大湾区开放型经济要求相适应的口岸软环境。

（二）检测互认协同

以有关国家检测机构资质认定和检测结果互认的试行和检验为例。

协同合作方：中国青岛海关和有关国家官方授权检测机构。

（1）影响：开展实验室技术交流和检测结果互认，利用区块链技术共享预警信息，经过中方机构检验的商品在外方免于重复检验。为解决互认工作不对等问题，将从政策、法律和业务层面尽快打通双向互认通道，打造智能边境。

（2）责任机制：在出入境商品检验检测采信第三方结果方面，目前外方实验室单方认可中方检验结果，中方认可外方检测结果缺乏国内相关法律法规支持，需从国内立法层面，破除认可外方检测结果的法律障碍。

（3）评估：通过开展技术培训交流、技术比对、能力验证、共同检验，推动实验室能力建设，拓展检验机构资质与结果互认项目，扩充互认商品；通过预警信息共享、检测结果互认，降低企业成本，提升贸易便利化水平，降低贸易风险，维护国门安全。

按照丹尼尔·马兹曼尼安等学者对协同治理的定义（采用建立、促进、指导、监督运行以及跨部门的组织安排等多种方式，促使之前由单一公共部门或组织很难处理的公共政策问题得到解决的全过程），本书把"相互依赖"作为参与协同的分析要素，对国际海关协同治理构建了较为完整和实用的分析模型。在运用模型分析各参与方协同治理的过程中，外部环境模块将建立协同，协同动因和协同引擎模块将促进协同，协同行为模块将指导协同，协同成果模块将监督协同治理的运行。

本章对模型的每一个元素进行试行并检验，通过试行和检验再次证明模型的优化是成功的、合理的、科学的。

第 八 章

结论和展望

第一节 结 论

自2013年"一带一路"倡议提出后，中国海关的国际合作越来越紧密，贸易便利化与安全的要求也越来越高。本书通过运用丹尼尔·马兹曼尼安等学者对协同治理理论的研究路径，参考彼得·史密斯·林等寻找"循环"协同治理的理念，修正了唐娜·伍德和芭芭拉·格雷对于协同治理的线性描述，按照海关国际协同的制度变迁和创新这条时间轴来设计、构建以及优化中国海关的国际协同治理模型，并对此模型进行一定范围、一定业务、一定区域内的试行和检验，最终找到了协同治理工具的海关应用模式。

本书从前文的模型构建、协同优化、实践检验等论述，结合实际数据分析，得出以下结论：

一、国际协同治理模型构建的切入点和成因分析准确、透彻

为了更科学、更合理地开展海关国际协同，笔者从海关的国际合作制度着手，沿着时间轴分析海关国际协同的制度起源，从海关国际合作的传统职能到提出"一带一路"倡议后非传统职能的制度变迁，并对其面临的困难和挑战作出判断和分析，随之提出构建海关国际协同治理的模型构想，其切入点较为准确，分析构建成因也较为透彻。

二、构建海关国际协同治理优化模型过程逻辑合理

笔者从海关对外合作的制度变迁这个视角来分析，挖掘制度创新的底层逻辑；再通过分析当下现状和面临的挑战，选择了协同治理工具以完成其目标；接着再通过协同治理的一般模型比较和筛选，得出更适合海关合作的协同优化模型。应该说，其研究过程逻辑严谨。

三、构建海关国际协同治理优化模型成效显著

笔者通过科学、合理的研究方式，逻辑严密的过程研究和推理，得到了适用于我国海关与其他国家（地区）海关国际合作的协同治理模型；通过对这个模型的各类关键要素逐一解析，加上运用之后的一些合作制度的成效分析，可以证明其模型的构建成效显著。

四、海关国际协同治理优化模型的检验合理科学

笔者通过对优化模型的各个模块分类进行检验，包括从运输工具、商品监管到大数据平台、数据交换，到副产品通关、旅客通关，再到查验结果、检测互助等形成整个贸易通关的闭环流程的检验。协同合作的国际海关涉及俄、非、韩、英、肯、欧、荷、吉等国家（地区）。国内海关包括北京海关、上海海关、深圳海关、厦门海关、广州海关、成都海关、哈尔滨海关、乌鲁木齐海关等。检验合理、科学，得出的结论也具有说服力。

第二节 展 望

2019年，时任海关总署署长倪岳峰在"一带一路"国际合作高峰论坛期间提出，要发展以智能化建设为核心的"智慧海关、智能边境、智享联通"（简称"三智"）。随后我国提出了《共同推进"智慧海关、智能边境、智享联通"建设与合作的倡议》。在以后的发展中，中国海关深入促进对外"三智"合作，与更多国家共同展开合作，在"一带一路"倡议的指导下，联合建立相应的海关信息交换共享平台，共同推动健康"丝绸之路"建设。2021年2月9日，国家主席习近平在北京以视频方式主持中国—中东欧国家领导人峰会，并发表主旨讲话。他在讲话中指出，深化海关贸易安全和通关便利合作，开展"智慧海关、智能边境、智享联通"合作试点。

　　为深入贯彻落实党的二十大提出的全面建成社会主义现代化强国、以中国式现代化全面推进中华民族伟大复兴的中心任务，中国海关自觉把海关工作融入国家大局中进行前瞻性思考、全局性谋划、战略性布局、整体性推进，把对党忠诚体现到贯彻落实好党中央决策部署的实际行动上，更为下一步"智关强国"行动打下坚实基础，按照"三智"海关国际协同的新理念，突出现代科技治理、供应链治理、整体协同治理的三大主线，按照共商共建、共治共享原则，加快推动实施一批高质量的重点合作项目，进一步提升海关等边境管理部门促进跨境贸易安全与便利的质量和水平，力争带动更多国家和地区参与"三智"建设，共享"三智"合作成果。

一、建设智慧海关

　　近年来中国海关秉持"智关强国"理念，在智慧海关建设方面取得了许多引领性的成就。未来更需要瞄准世界科技前沿，加强重点领域探索创新，打造海关智能化治理系列样本，为引领国际海关深入开展"三智"合作奠定坚实基础。

（一）打造精准化风险管理运行样本

　　高效的风险管理是世界海关发展的主流趋势，中国海关的风险管理工作在借鉴国际先进经验的基础上大胆探索，实现了从跟跑、并跑到领跑的飞跃。如今，中国海关要从高平台上再出发，为推动全球海关风险管理的进步做出更大的贡献。一是以云平台建设为基础，加快各类高质量数据资源的内引外联，将内、外部数据汇入海关"大数据池"，增强对图像、视频等非结构化数据的抓取和分析能力，真正实现大数据、云计算作业。二是推进智能分析工具建设，全面加强"云擎"推广应用，开展机器自主学习的前瞻性研究，把握好个人经验式布控与智能布控的平衡关系，减少对个人经验或实践经验的依赖，同时探索借力阿里巴巴、腾讯、华为等国内科技企业实现"算力"跃升，充分发挥人工智能技术的辅助决策作用。三是建设综合立体的大风险防控系统，加快改变不同业务条线各自为战的局面，将检验检疫、邮件快件、企业管理和缉私情报等作为子模块纳入统一的风险分析平台，实现统一、集成、联动的风险预警、预判。

（二）打造智能化货物通关监管样本

总结近年来"数字海关"建设实践经验，找准接续深耕的突破口和着力点，更好运用新技术、新装备改造传统通关监管模式。一是推进信息系统资源整合，对烟囱林立的各类海关业务处理系统加以梳理、整合，升级为"一口办理"的内部业务办理平台，深入推进海关业务全流程数字化，实现广泛的移动式作业，为企业提供内容更全、体验更好的在线通关服务。二是建设智能化物流监控平台，集成视频监控、数字探测传感技术、5G、北斗导航等先进技术，联通船讯网等公共信息服务平台，打造海关智能"神经系统"，注重推进基础设施"云化"进程，让包括移动单兵装备在内的各类口岸监管设备与作业平台互联互通，实现对全物流链条的智能预警、快速处置、有效反馈。三是强化人机协同，适应增强智能（IA）与人工智能（AI）融合发展趋势，以智能识别、快速查验为导向，加强人与软、硬件系统之间的连接，加大各类辐射探测设备、远程查验设备、病媒生物快检快验等新技术装备的研发和运用水平，为一线监管作业赋能，同时对更适合机器作业的环节和场景，加快推进以机器代替人工进程，切实提升智能化监管作业水平。

（三）打造泛在化智能审图应用样本

智能审图技术的率先开发应用是中国海关为世界海关治理做出的重要贡献，它为各国海关有效应对激增的监管工作提供了一大利器，应当进一步提升应用的广度和深度。一是加强标准/典型图像库建设，扩大有效商品识别清单，推进智能审图系统与其他数据系统的联通和对碰，通过与各类数据叠加印证提升审图效率。二是进一步扩大智能审图的应用范围，结合智慧口岸建设，推动口岸技术装备升级改造，在货运监管现场以及快件、跨境电商、邮件、旅检现场全部实现"集中智能审图",并探索增加生物病媒虫检测等检验检疫审图功能。三是探索建设智能视频识别系统,将智能审图的成功经验推广到视频识别,运用智能视频分析技术开发利用近年来海关积累的海量视频资源。

（四）打造便利化跨境电商治理样本

中国海关在跨境电商业务监管方面已经积累了丰富的实践经验,在智能化管理方面理应进一步加大探索创新力度。一是借鉴疫情以来对"自然人"的风险防控经验,强化与公安、邮政、民航等部门单位的协同治理机制,打造互通共享的跨部门人流、物流信息平台,对平台企业、重点人员等进行精准画像,严防"三单"信息造假。二是应用区块链、二维码等电子标签识别技术建立包裹扫码监管数据链,实现电商包裹商品信息的可追踪、可溯源和不可篡改,将申报信息与扫描结果自动比对,快速验放进出口包裹,有效打击走私违规行为。三是推动跨境电商监管系统与邮件、快件渠道信息系统的数据联通融合,实现归口管理、共享共用,全面掌握居民海外网购的真实总额,及时发现海外网购异动,避免跨境网购走私风险在跨境电商、邮件和快件之间漂移切换。

2023年6月22日,海关总署署长俞建华一行在布鲁塞尔出席世界海关组织第141/142届理事会年会。会议期间,海关总署署长俞建华与世界海关组织秘书长御厨邦雄共同宣布启动中国海关与世界海关组织"三智"项目合作。该项目旨在依托世界海关组织中国海关能力建设合作基金（简称"中国基金"）,为国际海关开展技术应用与创新实践的交流与合作搭建平台,帮助世界海关组织广大成员尤其是发展中成员推进智慧海关建设。御厨邦雄秘书长对中国基金资助新项目表示感谢,称新项目将为各方推进新技术研究、分享最佳实践、进一步探索新技术在海关的应用提供新的平台。

下一步还要继续推进国际间"智慧海关"交流,加大在多边机制下宣传推介力度,主动分享智慧海关建设等中国方案。

二、打造智能边境

（一）完善口岸安全准入风险防控平台

在口岸检疫风险防控方面，以全面、实时、精准为目标，加强与交通运输、文化和旅游、外交等部门的信息共享合作，不断扩大境外疫病疫情监测信息范围，准确掌握全球疫病疫情动态，通过口岸检疫风险防控平台有效开展疫情信息精准筛选和智能分析，预测传染病流行态势，做到实时发现、快速预警、精准布控、高效处置，不断提升口岸检疫拦截有效性。在禁限物品跨境走私风险防控方面，加强跨部门、跨边境的监管联动，制定统一准入规则和风险标准，推进源头甄别和监控，探索数据信息跨境自动提取、自动传输、自动分发，实现风险信息与进出口商品的快速匹配与预警提示，注重风险处置的跟踪评估和及时反馈机制，构建良性的跨境联防联控链条，以实现高质、高效的安全准入风险防控。

（二）完善口岸物流信息互通共享平台

当前国际供应链体系越来越复杂、跨境物流运输速度不断加快，依托区块链全程可追溯特性，打造跨境物流信息互通共享平台，分阶段推动跨境物流"国内段"与"国际段"无缝衔接，可以有效破解跨境物流监管中的信任难题，帮助监管部门更好地实现对风险的精准筛查。在早期突破阶段，以原油等交易链条冗长但贸易机制成熟的大宗散货商品为试点，与"一带一路"重要节点国家（地区）海关开展区块链监管合作，共同推动企业信息、产品信息、物流信息、第三方机构认证信息等全流程可溯源数据实时上链，通过公钥加密体系确保重要数据信息的链上共享，打破物流信息壁垒，实现与海关业务系统数据自动比对验证，推动贸易安全与便利的统一。在远期完善阶段，加强技术规范、数据标准和监管规则的跨境协同，依托中欧班列、西部陆海新通道等实体项目，建立沿线国家监管部门、进出口企业、物流金融运营商和第三方机构等多个主体共同参与的跨国联盟链，运用区块链和物联网技术融合实物流、数据流、信息流、资金流，构建多渠道、多环节数据相互验证模式，推动打造更加合规的"一带一路"供应链。

（三）完善高风险商品联网监管平台

跨境贸易中具有高风险特点的商品一直是各国（地区）海关监管的重点，随着各国（地区）边境管理部门信息化水平的不断提升，在通过技术手段实现对高风险商品的协同联网监管方面具有很大合作空间。一是加强高风险商品质量安全管控，梳理形成有共识的高风险商品黑白清单，建立一体化的风险监测数据共享与交换机制，有效开展双边、多边质量安全信息通报、调查合作，在进口国（地区）和出口国（地区）间实时通报质量监测情况、企业资信情况、市场异动情况等风险动态，妥善利用移动终端和物联网等载体，对食品、消费品、医疗器械等重点进出口商品实施质量安全追溯，实现覆盖前置、事中、后续全流程的风险防控。二是加强商品监管证件联网核查，完善第三方检验结果采信管理，积极探索合格评定结果国际互认，推动检验检疫、原产地等各类证书和许可证件的结构化、标准化和电子化，叠加应用互联网和二维码等技术进行数据交换，确保边境管理部门实时接收高风险商品电子证书信息，实现监管证件和检测证书的自动对碰、验核和追溯，实现快速通关和严密监管。

（四）完善国际贸易"单一窗口"平台

国际贸易"单一窗口"能压缩贸易成本和促进贸易效率的提升，深化拓展"单一窗口"功能是推动供应链高效顺畅运行的有效手段。一是进一步拓展口岸"一体化"功能，推动各口岸管理部门按照"应上尽上的原则"将更多业务纳入"单一窗口"办理，强化部门间的业务协同与流程优化，将"单一窗口"的口岸联合执法功能升级为口岸联合运行功能，为进出口企业提供"一体化"的业务办理服务。二是进一步拓展贸易"一条龙"功能，要以"单一窗口"为中心节点，按照覆盖国际贸易全链条的目标，推动"单一窗口"联通银行、保险、民航、港口、铁路、公路等行业机构，结合供应链全流程提供智能化、集成化的包括洞察市场、贸易融资、运输安排等在内的增值服务，打造高效连接的"一条龙"贸易服务链条。三是进一步拓展跨境"一网通"功能，完善"单一窗口"标准化体系，积极探索与重点区域国家及全球贸易伙伴"单一窗口"的互联互通，连接内外供应链价值链所有主体，推动实现标准统一、数据共享和跨境通关业务一口办理，建设高效便捷的跨境"一网通"平台。

下一步，要进一步加快"智能边境"建设。以智慧口岸建设为重点，加快建设平安、效能、智慧、法治、绿色"五型"口岸。

三、实现智享联通

应依托数字化和智能化改革，深入对接各国和国际组织贸易发展倡议和规划，构建海关、其他监管部门、商界等多元参与、协同高效的全球互联互通伙伴关系，最大限度地提高治理效率、降低治理成本。

（一）构建贸易政策协商直通机制

及时有效的贸易政策协调和信息沟通是实现协同治理的前提与保障。一是深度参与全球海关网络（GNC）建设，持续推进与联合国有关机构、世界贸易组织、世界海关组织、亚太经合组织等国际组织合作，推动国际通用规则的制定、完善和协调，推进与"一带一路"共建国家和地区签署或修订海关行政互助协定和合作备忘录。二是在建设海关信息交换共享平台和"单一窗口"的基础之上，打造高效的"政策直通"平台，为国际贸易相关各方提供"找得到、看得懂、用得上"的政策服务。三是鼓励运用5G云视频技术、互联网技术，建立常态化机制化的在线沟通协商平台，打破时间、空间、交通工具、出入境政策等方面的限制，及时就合作问题开展磋商，保障重大突发事件期间的实时协作。

（二）构建贸易通道应急协同机制

疫情让跨境贸易通道的稳定性、可靠性获得更多重视，保证突发情况下跨境应急物流通道的顺畅显得尤为重要。一是探索新贸易通道发展机制，围绕中欧班列、陆海新通道等国际物流和贸易大通道建设加强跨境合作，深入推进"关铁通""安智贸"等合作项目，大力发展海运、空运、铁路国际运输线路，密切与全球能源与原材料产地、重要物流枢纽、制造业基地以及贸易中心等的合作，促进国际物流网络化服务水平的提升，着力提升互联互通水平。二是探索构建信任贸易通道，借鉴农副产品快速通关"绿色通道"和疫情期间"快捷通道"实践经验，在国际航空运输协会（IATA）、国际海事组织（IMO）、国际道路运输联盟（IRU）等框架下，强化国内外重要物流节点的战略合作和业务联系，应用区块链等技术化解信任危机，对可信赖的货物、运输工具建立快速通关机制，不断提升供应链韧性。三是探索构建跨区域应急资源配置机制，协商共建区域人道主义应急仓库和枢纽，完善枢纽综合信息平台应急功能，建立制度化的响应机制和协同机制，提升统一调度、信息共享和运行协调能力，确保跨境应急物流运行迅速、精准、顺畅。

（三）构建贸易主体新型合作机制

跨境贸易的主体是参与全球贸易活动的各类企业和组织，世界海关组织将海关与企业的合作确定为21世纪现代海关的三大支柱之一，构建与各类贸易主体的新型伙伴关系是完善海关治理的重要基石。一是健全信用管理机制，全面贯彻"以企为本，由企及物"管理理念，畅通关企互动渠道，强化企业信用培育，采用精细化认证和分类管理，完善"顺势监管""主动披露""分类差异化管理"等措施，共同磋商制定阶梯式或渐进式的便利措施，构建"责任共担、权责对等、平等合作、互信共赢"的伙伴关系。二是加速推进AEO国际互认，强化规则对接，探索建设统一的信用信息交换共享平台，降低中小企业认证门槛，将更多供应链主体纳入认证体系，应用多维度企业画像系统，实现AEO认证的数字化、动态化、规范化。三是积极探索产业链国际认证，深化与国际行业组织、跨国商界集团的合作，建立更广泛的互信共赢伙伴关系，将企业认证模式升级为产业链的相互认证，对符合标准的一并授予相应资质，推动扩大覆盖全链条的贸易便利，通过以产业链为单元的互认互惠来降低供应链中断风险。

（四）构建贸易数据监测评估机制

当前国际贸易格局快速演变，服务贸易与货物贸易融合发展的趋势越来越明显，加强跨境贸易大数据监测评估有助于构建完善的跨境贸易服务生态系统。一是依托总署全球贸易监测分析中心，加强与国际组织、国外海关、科研机构的合作，推动世界海关组织数据元和全球货物统一代码（UCR）的升级和应用，出台一致的数据交换标准，打击非法贸易，促进数据开放共享。二是围绕"数据+研究"，对全球产业链、投资和贸易变化趋势开展联合监测，加强多方数据挖掘、模拟、分析，深化贸易规模评估、贸易便利安全分析等应用，健全跨境贸易风险预警机制，促进供需关系靶向对接，服务全球供应链参与各方实时决策。三是积极探索信息化时代海关传统与非传统职能在服务贸易领域的实现方式，共同加强运用新技术对服务产品跨境移动、交易、监管等规则的追踪研究，推动建立普遍适用的与服务贸易特点相适应的通关管理模式和服务贸易统计制度，便利各国（地区）监管部门更好掌握本国（地区）对外贸易的总体情况，促进国际贸易与投资深入发展。

下一步，要进一步推动"智享联通"建设。深化国际贸易"单一窗口"应用，推动由电子申报向电子协同、电子协作优化升级。

四、推动数字化协同治理

从以上"三智"角度来看，数字化是实现智慧海关建设的未来趋势，亟需我们对海关数据协同治理有所思考、有所实践。挖掘贯穿这一庞大工程的数据生产要素，提出开展数据协同治理的具体解题思路，夯实智慧海关建设的理论基础，打通智慧海关建设的技术通路成为未来"智关强国"建设的应有之义。

数据治理学术上是指通过实施不同数据处理、管理的策略和标准，提高组织数据的可用性、质量和安全性。海关数据协同治理，就是为了提高数据价值，更好地发挥数据的多元价值，各个数据关联主体在既定的制度框架下，相互合作，互相配合，共同参与数据治理的行为。在这一过程中，需要做好顶层设计，处理好数据协同治理的四种关系，还要搭建好数据治理的八个统一，形成海关数据治理的"四梁八柱"，让"用数据说话、用数据管理、用数据决策、用数据创新"，成为推进智慧海关建设的"金钥匙"。

（一）处理好数据协同治理的四种关系

1.理念协同，处理好数据治理与安全的关系

海关是行政执法机关，其作业过程中采集和产生的数据具备法定性或权威性，必须坚定不移贯彻总体国家安全观，数据治理必须考虑到数据安全、经济安全、社会安全和国家安全。但数据安全并不意味着将数据锁在保险箱的绝对管制，而是要树立新型数据安全观。因此，必须强化安全主体责任，健全保障机制，完善数据安全防护和监测手段，对海关数据开展分类分级管理，明晰数据流转全流程中各方权利义务和责任，达成以使用为目标、安全为保障的统一理念。

2.路径协同，处理好数据治理与创新的关系

数据协同治理的目标是引导科技朝着积极的方向发展，在数据的利用与保护、数据安全与业务创新之间实现平衡。因此鼓励合法、合理和有效地利用数据，保障数据依法有序地自由流动，推动以数据为关键要素的海关业务创新。同时，坚持保障数据安全与促进数据开发利用的双重目标，改变和调整治理理念、治理结构、治理机制和治理模式。通过海关信息化项目，构建数据归集、数字孪生场景矩阵，从治理体制的层面重新塑造海关作业单元流程，优化职责体系，全面提升海关业务创新能力。

3.体系协同，处理好数据治理与业务的关系

为了推动智慧海关的数字化转型，需要编织业务与数据的关系网络，真正将业务数据化和数据业务化。这意味着推动海关数据从分散资源转变为统一资

产，并不仅仅是简单地将各应用系统中的数据进行融合。它需要经过一系列专业化工作，包括数据拆分、解析、治理、标注、关联和融合等，深入理解数据的语境和语义，清楚数据与业务之间的内在关联关系，真正实现数据治理和融合服务的目标。在业务与数据解耦治理方面，可以采用"业务体系化、数据全局化、数据服务化"的三步走实施路径，构建多元化的数据业务创新。

4.赋能协同，处理好数据治理与生态的关系

海关数据需要结合作业管理机制和数据特征，实现数据的可视化、可理解、可管理和可应用，从而构建数据共享服务能力、业务快速洞察能力、数据智能检索能力、数据精细化调度能力和综合决策服务能力。与此同时加强海关数据生态建设，规范数据业务属性、来源属性、共享属性、开放属性等，保持足够的开放性，为和其他业务领域的联通留出接口，也要为源源不断的数据汇集与更新新兴数字化技术的应用奠定基础。

（二）建设好数据协同治理的"八个统一"

智慧海关建设不仅是一个技术性问题，更是立足百年未有之大变局和中华民族伟大复兴的进程，海关管理创新和模式变革的一场自我革命的长期运动，是由业务数据化向数据业务化的一种质变。因此面对数据协同治理这一关键，就要加强顶层设计，增强强制性、权威性、一致性，重点实现"八个统一"。

1.制定统一的数据管理职责

在既有的数据管理职责基础上，完善数据管理体系，建立健全政务数据共享协调机制；指导各直属海关在海关数据治理与质量控制、共享与开放、开发与应用等数据业务管理方面建立有效的机制运行体系，形成职责清晰、分工有序、协调有力的全国海关一体化数据管理新格局。

2.设立统一的数据专职机构

建设全国海关大数据中心，集中负责全系统的数据采集、管理、共享、开放和评估，并以大数据中心为中枢构建系统完备的数据建设、管理、使用体系。培养全国海关大数据管理人才队伍，通过多维度的培训、宣讲、实训，系统性地增强海关全员的数字思维、数字认知、数字技能，培育具备数字化素养和能力的数字型人才，进而服务智慧海关建设。

3. 搭建统一的数据管理平台

覆盖数据采集、清洗、融合、存储、共享、应用、安全等各环节，对各环节数据全生命周期实施规范化治理，发布海关数据治理标准。海关各单位部门按照国家标准规范、海关专业名词定义，细化海关商品申报要素数据治理规则，开展以报关单为主体的海关业务全链条数据治理工作，优先针对重点业务数据的系统化治理和持续优化。自上而下地对各个业务系统中的表进行评估和分析，确定核心数据字典，提升海关数据的准确性、完备性、统一性和权威性。

4. 建设统一的数据目录系统

全面摸清数据资源底数，建立覆盖署级、关级系统数据目录，形成全国海关数据"一本账"，支撑跨业务、跨系统、跨平台、跨地域、跨部门的数据互联互通。建立数据目录分类分级管理机制，按照有关法律、行政法规的规定确定重要海关数据具体目录，加强海关数据分类管理和分级保护。

5. 建设统一的数据算力网络

摸清海关总体算力情况，梳理算力技术路线、算力软硬件架构和算力分布等，规划建设海关大数据平台算力网络，综合提供数据采集、数据存储、数据治理、数据建模分析和数据应用服务等核心功能，在数据协同治理后的统一数据目录基础上，按需汇聚、分级共享数据资源，提供新一代图计算、联邦计算、跨域近似计算等新型数据分析算力，开展云平台、大数据平台基础"底座"支撑。

6. 建设统一的数据安全体系

打造"零事故"海关信息安全保障体系，建立海关大数据资源数据分类分级安全保护等级。全面摸清数据资产安全底数，在海关全业务链条上按照业务环节全面评估数据泄露风险，制定数据安全级别，发布海关数据要素安全分类标准。强化海关信息系统数据安全防御能力，构建海关"主动 + 被动"的立体安全保障体系。嵌入安全态势监控模块，融合新一代区块链、人工智能技术，进一步提升海关安全风险预警感知能力和安全应急处理能力。

7.推进统一的数据资源利用

强调数据治理、数据驱动和数据赋能的一体化，以方法论、体系化、标准化和可视化为指导，真正实现数据在业务中的循环流动，即"数据从业务中来、到业务中去"。梳理和沉淀海关全业务领域知识与流程环节需求，利用数据编织技术开展业务系统数据与业务环节关联，从而通过数据协同治理构筑海关业务全链条知识图谱，搭建"数据"和"知识"的数据中台，深度关联数据与业务，实现数据与业务理解、环节管理、风险分析和智能应用的双向驱动，为业务提供有力支持，并促进数据和知识的交流与整合。

8.培育统一的数据应用生态

在国门安全风险防控、通关便利一体化、智慧税收管理以及政务管理与服务等方面培育大数据创新应用生态体系。开发具备智能作业和协同监管能力的业务场景矩阵，并通过数字化、网络化和智能化的手段构建数字孪生场景矩阵，推动海关大数据创新应用生态的发展。以大数据分析模型为纽带，按照构建"对象—业务—系统—数据"的关联关系，建立纵横互联、透明、开放和创新型的大数据海关应用体系。

2020年6月18日，在"一带一路"国际合作高级别视频会议上，习近平主席提出了对"一带一路"倡议的新期待，提出要通过高质量共建"一带一路"，携手推动构建人类命运共同体。在加强数字政府建设背景下，深化海关业务改革，建设智慧海关，推进海关治理体系和治理能力现代化是一项系统工程，需要抓住要解决的主要矛盾，坚持加强顶层设计和摸着石头过河有机结合，明确目标、指明方向，绘好蓝图、制订计划，通过试点探索不断总结完善并由点到面逐步推广、全面实施，到2025年全链贯通的智慧化综合监管体系、耳聪目明的科技支撑体系框架基本形成，到2035年，社会主义现代化海关基本建成，打造先进的、在国际上最具竞争力的海关监管体制机制。

展望未来，中国海关正在加快推进智慧海关建设，将数字化、智能化技术深度应用于海关监管服务，海关制度创新和治理能力现代化建设正在发生系统性变革。以智慧海关建设全面撬动海关改革发展，助力强国建设、民族复兴。

放眼世界，中国已经成为世界第二大经济体、全球货物贸易第一大国，服务贸易快速发展、数字贸易加速崛起，超大规模的市场、丰富多样的实践锻造了中国海关的过硬本领和创新能力。中国海关作为世界上少有的集监管、征税、统计、缉私、检验、检疫、稽核查等职能于一身，业务体量最大、监管任务最重、手段方式最多样的大国海关，正在全球海关治理中发挥越来越重要的作用。

后　记

物畅其流，货通天下。"一带一路"倡议提出至今已有十年，中国经济在世界经济的浪潮中劈波前行，中国海关也在推动世界经济向稳向好发展的过程中努力作为。几经风雨，中国已同 150 多个国家（地区）和 30 多个国际组织签署 200 余份共建"一带一路"合作文件，吸引了全球超过四分之三的国家（地区）参与，为共建国家（地区）创造了 42 万个工作岗位，帮助越来越多的国家（地区）加快经济发展。本书围绕"一带一路"国际海关协同治理这一主题，站在海关一线工作的视角，整合了包括国外海关在内的多方海关在职工作人员多年从事一线海关监管工作的理解和感悟，力求为读者朋友们分析"一带一路"倡议，提供具有海关国际视野的独特解读。

本书的研究成果历时多年，来之不易。在书稿即将完成之际，首先要感谢复旦大学顾丽梅教授的悉心指导，我们在原博士论文的基础上，纳入了最新的"智慧海关"监管实践，多番碰撞完善，几轮修订调整，在这个过程中得到了众多朋友、老师和同学的关心与支持，在这里特别感谢柬埔寨总统参事钱明光、塔城海关日娜副处长、海关总署办公厅张欣欣主任、长沙海关法规处李莉处长、上海海关学院周国荣博士，感谢各位海关同仁的鼓励与帮助。

在研究工作中，我们遇到了许多的困难和挫折。但我们知道，学术研究永无止境，特别是政策研究方面，在处于动态变化中的社会环境里，唯有实践是检验政策执行情况和评价政策实施效果的最优路径。因笔者水平有限，本书必定会有不成熟、不完善的地方，笔者热切期待并欢迎广大读者朋友们对本书提出宝贵的意见和建议，让我们共同助力"一带一路"建设，为中国经济的发展保驾护航，早日实现"货通天下畅，船行万里安"。

参考文献

［1］安振泉.中国海关内部治理结构改革研究［J］.海关与经贸研究，2015，36（2）：10.

［2］北京大学"一带一路"五通指数研究课题组."一带一路"沿线国家五通指数报告［M］.北京：经济日报出版社，2017.

［3］毕见宙.海关估价制度研究［D］.重庆：西南政法大学，2005.

［4］蔡岚.合作治理：现状和前景［J］.武汉大学学报，2013（3）：6.

［5］蔡拓.全球治理与国家治理：当代中国两大战略考量［J］.中国社会科学，2016（6）：11.

［6］曹雷，朱晶.海关维护国家意识形态安全的思考［J］.上海海关学院学报，2020，41（4）：23-32.

［7］曹堂哲.政府跨域治理协同分析模型［J］.中共浙江省委党校学报，2015（2）：7.

［8］曹卫东.外国人眼中的"一带一路"［M］.北京：人民出版社，2016.

［9］陈积敏，高惺惟."一带一路"机遇与挑战［M］.北京：国家行政学院出版社，2016.

［10］陈苏明.AEO制度及国际海关AEO互认研究——基于供应链安全与便利的视角［J］.国际商务研究，2012，33（5）：43-49.

［11］程欣."一带一路"背景下我国贸易便利化水平及发展策略［J］.中国流通经济，2016，30（6）：110-116.

［12］当代世界研究中心，深圳市人民政府发展研究中心.一带一路国际智库合作联盟研讨会对话集（一带一路建设融通创新可持续发展）（英文版）

［M］.北京：中央编译出版社，2016.

　　［13］杜莉霞.后金融危机时代中俄双边贸易发展研究［D］.太原：山西财经大学，2012.

　　［14］范筱静.浅述中国海关参与国际合作的几点思考［J］.特区经济，2008（3）：133–135.

　　［15］方维慰."一带一路"国家科技合作与协同创新的机制研究［J］.重庆社会科学，2020（12）：45–58.

　　［16］冯维江，徐秀军."一带一路"迈向治理现代化的大战略［M］.北京：机械工业出版社，2016.

　　［17］郜媛莹.中国海关推进贸易便利化的政策研究［D］.北京：对外经济贸易大学，2017.

　　［18］谷永芬，温耀庆."一带一路"战略下中国与俄罗斯和印度经贸合作研究［M］.北京：经济管理出版社，2016.

　　［19］关秀丽.加强"一带一路"与自贸区战略对接［N］.经济日报，2015（3）.

　　［20］郭永泉.海关治理的阶段性困境和现代化目标［J］.海关与经贸研究，2016，37（2）：10–18.

　　［21］侯彩虹."客户导向"下的海关协同治理模式探索［J］.海关与经贸研究，2015，36（3）：44–51.

　　［22］侯芸.俄联邦远东社会经济发展纲要及战略分析［D］.北京：北京外国语大学，2013.

　　［23］胡必亮，聂莹，刘倩，等.综述"一带一路"［M］.北京：中国大百科全书出版社，2018.

　　［24］胡伟."一带一路"打造中国与世界命运共同体［M］.北京：人民出版社，2016.

　　［25］黄丙志.推进海关协同治理的三层面政策路径［J］.海关与经贸研究，2015，36（5）：69–75.

［26］黄河.一带一路与国际合作［M］.上海：上海人民出版社，2015.

［27］江伶俐.非营利组织与企业跨部门联盟的风险—基于组织信任演变视角的探索式案例研究［J］.中国社会组织，2012（9）：33-37.

［28］姜春杰.知识产权边境保护法律制度研究［D］.郑州：郑州大学，2003.

［29］蒋敏娟，张弦.新时代京津冀协同发展及影响因素研究——基于整体性治理关键变量的分析框架［J］.行政论坛，2019，26（6）：139-146.

［30］金融.深入开展海关国际合作全力推动丝绸之路经济带建设战略稳步发展［J］.海关与经贸研究，2015（2）：55.

［31］敬乂嘉.合作治理：历史与现实的路径［J］.南京社会科学，2015（5）：1-9.

［32］匡增杰.基于发达国家海关实践经验视角下的促进我国海关贸易便利化水平研究［J］.世界贸易组织动态与研究，2013，20（1）：19-28.

［33］赖先进.论政府跨部门协同治理［M］.北京：北京大学出版社，2015.

［34］李辉，任晓春.善治视野下的协同治理［J］.科学与管理，2010（6）：55-58.

［35］李世财.全球治理视野下的G20研究［D］.上海：上海社会科学院，2011.

［36］李书凡.海关区域通关一体化法律问题研究［D］.上海：华东政法大学，2015.

［37］李伟."一带一路"沿线国家安全风险评估［M］.北京：中国发展出版社，2015.

［38］李艳芳，李波.孟中印缅次区域合作中的经贸关系分析［J］.亚太经济，2014（6）：80-85.

［39］李永全，王晓泉."一带一路"建设发展报告（2017）［M］.北京：社会科学文献出版社，2017.

［40］刘伟忠.协同治理的价值及其挑战［J］.江苏行政学院学报，2012

（5）：115–119.

［41］刘卫东，田锦尘，欧晓理."一带一路"战略研究［M］.北京：商务印书馆，2017.

［42］刘雨林."一带一路"建设中的"三互准则"及其落实方法［J］.成都理工大学学报（社会科学版），2016，24（1）：59–63.

［43］刘玉平.国际海关估价制度的分析和运用［J］.国际贸易，1995（3）：46–48.

［44］刘贞晔.全球治理与国家治理的互动：思想渊源与现实反思［J］.中国社会科学，2016（6）：36–46.

［45］鹿斌，周定财.国内协同治理问题研究述评与展望［J］.行政论坛，2014，21（1）：84–89.

［46］罗小晶.非传统安全背景下中美海关国际合作比较——以国际贸易和贸易便利为视角［D］.上海：复旦大学，2012.

［47］马骊.中国海关国际合作模式实践与研究［D］.沈阳：辽宁大学，2013.

［48］南洋，贠杰.公共部门组织绩效评估技术与制度协同路径研究［J］.社科纵横，2020，35（12）：54–64.

［49］石晨霞.试析全球治理模式的转型——从国家中心主义治理到多元多层协同治理［J］.东北亚论坛，2016，25（4）：108–118.

［50］孙荣，邵健.基于SFIC的府际协同治理研究［J］.地方治理研究，2016（4）：71–79.

［51］田培杰.协同治理：理论研究框架与分析模型［D］.上海：上海交通大学，2013.

［52］王菲易."一带一路"战略与海关国际合作：对接发展的障碍、框架与对策［J］.海关与经贸研究，2016，37（3）：10–19.

［53］王菲易.国际海关发展的主要趋势：基于新公共管理理论的实践阐释［J］.上海海关学院学报，2013，34（4）：91–101.

［54］王菲易．海关治理体系的构建与优化：国际海关最佳实践及对中国的启示［J］．海关与经贸研究，2015，36（4）：19-28．

［55］王明华．"一带一路"战略与国际区域经济合作［M］．北京：法律出版社，2016．

［56］王晓泉．"一带一路"建设者深化中俄战略协作研究［M］．北京：中国社会科学出版社，2018．

［57］王义桅．"一带一路"的逻辑：世界是通的［M］．北京：商务印书馆，2016．

［58］吴志成，迟永．"一带一路"倡议与全球治理变革［J］．天津社会科学，2017，（6）：80-85．

［59］谢贵平，朱家福．中国边疆非传统安全治理体系与能力现代化的理论建构——基于广义边疆观与总体国家安全观视角［J］．思想战线，2021，47（2）：52-66．

［60］谢和平．一带一路沿线国家纵览［M］．成都：四川大学出版社，2016．

［61］谢颖．俄罗斯远东及后贝加尔地区对外贸易概述及启示［J］．黑龙江对外经贸，2011（8）：42-44．

［62］阳振荣．全球贸易安全与便利背景下海关职能整合与创新研究［D］．上海：复旦大学，2012．

［63］杨祥章．中国—东盟互联互通研究［M］．北京：社会科学文献出版社，2016．

［64］张辉，唐毓璇，易天．一带一路区域与国别经济比较研究［M］．北京：北京大学出版社，2017．

［65］张晓涛．中国与"一带一路"沿线国家经贸合作国别报告（中东欧篇）［M］．北京：经济科学出版社，2018．

［66］赵树梅．丝绸之路经济带互联互通战略研究［J］．中国流通经济，2015（4）．

［67］郑巧，肖文涛．协同治理：服务型政府的治道逻辑［J］．中国行政管

理，2018（7）：48–53.

［68］周冯琦，汤庆合，任文伟. 上海资源环境发展报告（2016）［M］. 北京：社会科学文献出版社，2016.

［69］朱高章，李灵. 海关国际合作新进展［J］. 中国海关，2010（8）：62.

［70］朱晶，顾丽梅. 协同治理视域下海关服务"一带一路"倡议研究［J］. 海关与经贸研究，2018（4）：35–44.

［71］邹磊."一带一路"合作共赢的中国方案［M］. 上海：上海人民出版社，2016.

［72］Carey Doberstein. Designing Collaborative Governance Decision–Making in Search of a Collaborative Advantage［J］. Informa UK Limited, 2015, 18（6）：819–841.

［73］Chris Ansell and Alison Gash. Collaborative Governance in Theory And Practice［J］. Journal of Public Administration Research & Theory, 2008, 18（4）：543–571.

［74］Crompton, S. EU Customs Seizures Show Need for New Regulation［J］. Managing Intellectual Property, 2011（211）：103.

［75］Donna J. Wood, Barbara Gray. Toward a Comprehensive Theory of Collaboration［J］. Journal of Applied Behavioral Science, 1991, 27（2）：139–162.

［76］John–ren Chen. Welfare Improvement through International Cooperation as Justification for International Institutions in Global Governance［J］. Springer Science and Business Media Llc, 2010, 17（4）：737–762.

［77］Karpova Olga, Mayburov Igor. A Comparative Analysis of the Customs Procedures. In China and Russia［C］. The 29th International Business Information Management Association Conference Paper. Vienna：Ural Federal University, 2017.

［78］KIM, M. In the Name of Custom, Culture, and the Constitution：Korean Customary Law in Flux［J］. Texas International Law Journal, 2013, 48（3）：357–391.

[79] Oscar Widerberg, Philipp Pattberg. International Cooperative Initiatives in Global Climate Governance: Raising the Ambition Level or Delegitimizing the UNFCCC[J]. Wiley, 2014, 6 (1): 45–56.

[80] Steven Buigut. Trade Effects of the East African Community Customs Union: Hype Versus Reality[J]. Wiley, 2016, 84 (3): 422–439.

[81] Tochitskaya I. The Customs Union Between Belarus, Kazakhstan and Russia: An Overview of Economic Implications for Belarus [J]. CASE Network Studies & Analyses, 2010.DOI:10.2139/SSRN.1670130.

[82] WANG Min. The Best Practical Experience and Development Trend in Convenient Clearance System of International Customs and China's Solutions [J]. Pacific Journal, 2017, 25 (6): 88–97.